JESUS
Ungido de Gozo

SHERWOOD E. WIRT

BUENOS AIRES - MIAMI - NEW YORK - SAN JOSÉ

www.editorialpeniel.com

Jesús Ungido de Gozo
Sherwood E. Wirt

Publicado por *Editorial Peniel*
Boedo 25 (1206) Buenos Aires - Argentina
Tel/Fax: (54-11) 4981-6178 / 6034
web site: www.editorialpeniel.com
e-mail: penielar@peniel.com.ar

Publicado originalmente con el título:
Jesus, Man of Joy
by Harvest House Publishers
Eugene, Oregon, EE.UU.

Traducción al Español por: Ester Barrera
Diseño de cubierta e interior: arte@peniel.com.ar
Foto de portada usada con permiso de: "The Visual Bible" ™

Copyright © 2001 *Editorial Peniel*
ISBN N: 987-9038-55-X
Producto N: 316072

Ninguna parte de esta publicación puede ser reproducida
en ninguna forma sin el permiso escrito de Editorial Peniel.

Edición Nº I Año 2001

Impreso en Colombia
Printed in Colombia

Aplausos para Jesús Ungido de Gozo

"¡Qué refrescante palabra para nuestros días: gozo! Este libro me ha dado una nueva perspectiva sobre la vida. El gozo radiante *siempre* es posible."

> **Ann Kiemel Anderson**
Autora de *Seducido por el éxito* y *Salgo a cambiar mi mundo*

"Estás por comenzar una fresca experiencia de auténtico gozo. El gozo es el ingrediente que falta en la cristiandad contemporánea, y Sherwood nos muestra cómo encontrarlo."

> **Lloyd John Ogilvie**
Capellán del Senado de los Estados Unidos

"Mientras leía el libro, mi corazón fue levantado con gozo y alabanza. ¡Ya era tiempo de que alguien proclamara al Cristo gozoso!"

> **Warren W. Wierse**
Autor de *Viviendo con los gigantes*

"Conocer a Sherwood Wirt es sentir el ímpetu del gozo de Dios, que salpica y se derrama. Cuando Sherwood escribe sobre el gozo de Jesús escribe desde su vida...y desde su corazón."

> **Joni Eareckson Tada**
Autora y artista

"¿Es Jesús el más consumado aguafiestas? ¿Es el hombre de aflicción todo lágrimas y nada de gozo? Decididamente no, dice Sherwood Wirt, quien a los 87 años es una demostración de alguien que conoce al Jesús gozoso. Extrae de un amplio espectro de fuentes desde Agustín hasta C. S. Lewis y mucho de Las Escrituras, y provee las correcciones necesarias para el ácido y condenatorio espíritu que con frecuencia oscurece el profundo gozo de Jesús."

> **Harold Myra**
Presidente de *Christianity Today*

Para

Bob y Jennie Gileespie

*"Estas palabras os he hablado
para que mi gozo esté
en vosotros, y vuestro gozo
sea cumplido."*

Juan 15:11

Reconocimientos

¡Qué placer escribir este libro! Ha sido como pasear a través de una arcada de arco iris. Les suceden cosas fascinantes a aquellos que empiezan a buscar sobre el gozo en la Palabra de Dios, porque el gozo aparece de muchas y muy coloridas maneras. El Espíritu Santo se muestra a sí mismo como más que consolador. Se transforma en el alentador e inspirador que llena nuestras vidas ordinarias con momentos de divina felicidad.

Este libro surgió a través de la ayuda de amigos que son ellos mismos excelentes escritores. Muchos son miembros activos de la Asociación de Escritores Cristianos del Condado de San Diego. En particular mencionaré a Nancy Bayless, Judith Dupree, Kathryn Hughes, Jean Mader, Elaine Minton, Glenda Palmer, Judith Scharfenburg, Candace Walters y Claudia Ward. Mi crítica sin paralelos que es, como siempre, mi esposa, Ruth Love Wirt, que mandó muchas partes oscuras del manuscrito por el borde del precipicio de Sunset.

Ver este manuscrito atravesar la prensa ha sido un genuino deleite. El fundador de Harvest House, Robert Hawkins, es un viejo amigo y un caballero cristiano con un cálido corazón hacia los escritores. Mi agradecimiento va para él y todo el personal activo de Harvest House por su labor profesional en este trabajo. Mencionaré especialmente a Jerry MacGregor, editor responsable; Robert Hawkins, Jr., editor; Carolyn McCready, directora editorial, y Ray Oehm, editor. También incluiré a Bruce Marchiano, actor, autor, predicador y buen amigo, por su enorme medida de amabilidad.

Un prominente teólogo europeo cierta vez comentó que "la ortodoxia no tiene humor". Cualquiera que piense de esa forma debería subscribirse sin demoras al "Boletín del ruido gozoso" (*The joyful noiseletter*) publicado por mi amigo Cal Samra, fundador de la Comunidad de Cristianos Felices, en Box 895, Portage, MI 49081, EE.UU. El Sr. Samra ha brindado su perceptividad para la escritura de este libro, por lo cual estoy agradecido.

Contenido

Prólogo: "Bruce, tengo una palabra para ti: ¡Gozo!" 11
Introducción: Suena el teléfono 15

Conmociones en el cielo
1 Un cambio asombroso 19
2 ¿De quién fue la idea? 23
3 ¿Dónde lo consiguió? 29

El hombre de gozo
4 El Jesús alegre 35
5 Una boda fuera de lo común 43
6 "Smog" religioso 49
7 "Peculiares nociones" 59

El secreto escondido
8 Haciendo *surf* por Las Escrituras 67
9 Aguas de reposo 73
10 Oro sin mancha 79

Buenos tiempos, malos tiempos
11 La voluntad se mueve a través del deseo 85
12 Cuando Dios grita 91
13 El silencio es oro 99
14 Cuando el gozo enfrenta al temor 107
15 Gozo cuando algo duele 115

Deleites del corazón
16 ¿Qué es la felicidad? 125
17 Los panqueques de Dios 131
18 El secreto para ser radiante 139
19 Gozo y gozo rebosante 145

Gloriosas promesas
20 La fe que crea gozo 155
21 La esperanza que trae gozo 163
22 Lo admirable sobre la gracia 169
23 ¡Tómelo todo! 175
24 La iglesia llena de gozo 193

El paraíso perdido y encontrado
25 El paraíso perdido 193
26 El paraíso encontrado 201

Notas 209

Prólogo

"Bruce, tengo una palabra para ti: ¡GOZO!"

Estas fueron las palabras que me habló el director de cine Regardt van der Bergh en el almuerzo de diciembre de 1992. Me había pedido a mí, un actor, que hiciera el rol de Jesús en *La Biblia Visual: El Evangelio de Mateo,* y este fue el resumen de sus directivas: gozo.

Nunca me olvidaré mientras viva. Sacudió una Biblia de puntas dobladas, sacándola del bolsillo de atrás, haciéndola crujir mientras la abría en Hebreos 1:9, y leyó directamente de Las Escrituras: *"...por lo cual te ungió Dios, el Dios tuyo, con óleo de alegría más que a tus compañeros".* Después me miró a los ojos con toda la convicción de un hombre que daría todo lo que tiene por algo que sabe más allá del conocimiento y proclamó: "Bruce, he orado y orado sobre esto, y estoy convencido que esto es lo que el Señor quiere que hagamos en *Mateo;* retratar a Jesús como un *hombre de gozo".*

Recuerdo haber mirado con los ojos en blanco a Regardt que estaba al otro lado de la mesa aquella tarde, y movía su cabeza con precaución. No tenía idea en aquel momento, pero sus palabras iban a reescribir completamente mi entendimiento de mi Salvador y liberarme hacia un nivel de relación con Él que nunca soñé que fuera posible. Y lo que es más, esas mismas palabras expresadas en una película muchos meses después, iban a liberar a incontables miles de personas a lo largo del planeta hacia un nivel de relación con el Salvador que *ellos* nunca se hubieran imaginado que fuera posible. Y todo surgió de aquella realidad que bien podría ser la más obvia y es la más ignorada, descuidada, negada, mal entendida, la más indefinida, manipulada para dejar atrás, la que más se barre bajo la alfombra y se pone entre rejas en los atrios de las iglesias más santificadas, en toda la cristiandad: que Jesús fue un hombre de gozo.

"Pero, Bruce, ¿dónde está lo grandioso? Jesús se rió. Jesús sonrió. ¿Qué importancia tiene si era un hombre agradable con quien estar? Después de todo, tengo que pensar en la dispensación premilenialista, y luego en la ventana "10-40", la práctica en el coro, y ese seminario en el hogar. Y, además, Dios está en actividades serias, ¿qué tienen que ver la ira y el juicio con el gozo y la sonrisa y cosas como esas? Temas, que realmente son *para niños*". Creo que Jesús podría haber contestado: "¿No has leído nunca, 'de la boca de los niños y de los que maman, fundaste la fortaleza'? Y a menos que cambies y te vuelvas como *niño* pequeño, nunca entrarás en el reino de los cielos. Por lo tanto, quienquiera que se humilla como un *niño* es el más grande en reino de los cielos... *porque el reino de los cielos les pertenece*".[1]

¿Puedo leerles una carta
que recibí hace más o menos un año atrás?

Por favor, disculpe mi letra, dado que mis manos se han puesto duras con los años y la artritis. He amado al Señor como mi Salvador por muchos años – desde que era un adolescente. Siempre pensé que sabía quién era Él. De hecho, ni siquiera una sola vez me cuestioné quién era (y es) Él. Pero hace unas pocas semanas estaba viendo de reojo la TV y sucedió que miré y allí estaba "Jesús" (usted) que caminaba a lo largo de la costa del Mar de Galilea y el viento soplaba sobre su túnica y cabello. Lentamente miró sobre su hombro, hizo una gran sonrisa y el gesto de que lo siguieran. ¡Mi corazón dio un salto en medio de mi pecho! Aunque fue solamente una imagen que duró dos segundos, no podía creer lo que vieron mis ojos. Era Jesús en una manera que nunca lo había considerado, y en el momento fui convencido en mi corazón de que Jesús tenía que ser de esa forma, ¡completamente diferente de todo lo que yo siempre había pensado! Que resplandecía con entusiasmo en el rostro desde sus ojos. ¡Un hombre fuerte, energético, apasionado, gozoso! Eso instantáneamente transformó tanto mi relación con Él, que me lamenté al pensar en todas las décadas que he perdido conociéndolo, pero *no conociéndolo;* amándolo y recibiendo su amor desde algún lugar distante, pero nunca "enamorado" de Él. Bien, ¡ahora quiero que sepa que lo estoy! He tirado cada cuadro de un Jesús aburrido que haya tenido. Marta se fue, y María ha llegado. ¡He dejado de tener temor delante de Él y he comenzado a celebrarlo! Todos los viejos acá en el hogar piensan que me he vuelto loco, ¡pero yo siento que estoy sano por primera vez en mi vida! ¡Oh el gozo! ¡Mi Jesús, mi Señor!

Cristiano, sé que caminas con el Señor, pero con toda humildad te pregunto: ¿lo conoces? ¿*Realmente, realmente* conoces quien es Él *en realidad?* No cristiano, sé por esta lectura que no está del todo interesado en Jesús, al menos al punto de invitarlo a entrar a su vida como Señor y Salvador. Pero, con toda humildad, le pregunto: ¿lo conoce? ¿*Realmente, realmente* lo conoce?

En las páginas siguientes, Sherwood (puede llamarlo "Woody") Wirt, tiene el privilegio de develar la realidad de Jesucristo de Nazaret en todo su explosivo gozo que siendo el Hijo del Dios Viviente, "hecho hombre" tenía que ser. Es un absoluto tesoro, esta realidad, este gozo – un tesoro con el valor transformador de vidas que, tristemente, ha estado tendido a nuestros pies casi completamente ignorado por demasiado largo tiempo.

He leído algunas de las páginas que siguen incontables veces. Las he llevado conmigo en innumerables aviones y cuartos de hotel en este país y el mundo. Tenía una copia bien marcada en mi vestidor en Marruecos cada día de filmación de *Mateo* y en Sud África en los seis meses de ministerio que le siguieron. Aún tengo una copia original en mi mesa de luz ahora y una adicional todavía bien guardada en su cubierta plástica en el armario, por las dudas.

Ya ven, mientras camino por las diferentes ocupaciones de la vida, carrera y ministerio, hay una cosa de la que siempre estaré profundamente consciente: quién es Jesús *realmente.* Esa realidad es un

Jesús Ungido de Gozo

absoluto tesoro, y es un tesoro contenido en este libro, *Jesús ungido de gozo.*

Así que, ¡regocíjate y alégrate! ¡Es un glorioso nuevo día! Y sea que hayas caminado con Jesús por cien años o nunca lo hayas hecho, *abre tu corazón* para que a través de las páginas que siguen puedas posiblemente encontrarte con Él de una manera totalmente nueva.

¡Vengan! ¡Y mientras la carta a los Hebreos proclama: *"Fijando nuestros ojos en Jesús!"*, sentémonos a sus pies; escuchemos su corazón y sintamos su abrazo; observemos su sonrisa, escuchemos su risa, toquemos la punta de su manto y entremos libremente en su gozo! ¡Gozo supremo! ¡El gozo de Jesús!

> Bruce Marchiano

Introducción

Suena el teléfono

"¡Hola!"
"Hola; ¿señor Wirt?"
"Sí."
"Mi nombre es Bruce Marchiano. Soy actor y amigo de Teres Byrne."
"¡Teres! ¿Dónde está?"
"Aquí en Hollywood."
"Es graciosa ella. Le he dicho que es la mejor comediante desde Fanny Brice. ¿Cómo está?"
"Oh, bien. Ocupada... Sr. Wirt, lo llamo por su pequeño libro de bolsillo, *Jesus ungido de gozo*."
"Únase al grupo. Me llaman de todas partes para pedirme una copia, pero siento decirle que está muerto. Tengo una sola copia."
"No está muerto, señor. Es un libro tremendo. Me ayudó a cumplir el rol de Jesús en nuestro nuevo filme, *El Evangelio según Mateo*".
"¿Qué?"
"Le digo... cuando encontré ese libro fue un tesoro. Jesús comenzó a saltar desde la página hacia mí. ¡Gozo! Exactamente lo que necesitaba. Y me lo llevé a Marruecos para comenzar a filmar."
"¿Dijo que su nombre era Bruce?"
"Sí, señor."
"¿Y es actor de Hollywood?"
"Sí."

"Bueno, ¡los santos de Dios sean glorificados! ¿Y usted llevó mi libro a Marruecos?"

"Seguramente. Lo copié, memoricé algunas partes, y lo llevé a todos lados."

"Bruce, ese pequeño tomo ha estado embalsamado y enterrado a seis metros de profundidad durante los dos últimos años. Puede honrarlo con un momento de silencio."

"No, señor, merece una resurrección. Le estoy enviando cuatro videocasetes de *El Evangelio según San Mateo*. Y junto con eso mi nuevo libro, *En los pasos de Jesús*. Habla de usted y de su libro y cómo este me ayudó."

"¿Qué dijo de él?"

"Dije que cada página de su libro estaba cargada de gemas. Dije que no podía subrayar frase o hacer notas lo suficientemente rápido. Era la guía que había estado buscando. Desde la noche que lo encontré, lo he leído una y otra vez de tapa a tapa."

"¿En qué campo encontró este tesoro escondido que lo lleno con ese gozo que hizo que se comprara el campo?"

"En una librería en Glendale, el día después que salí de Los Ángeles. Estaba escondido detrás de otro libro y resultó ser justo lo que estaba buscando. El director me dijo que quería retratar a un Jesús gozoso. Estuve buscando y buscando un libro así, y el suyo fue ese libro".

" Asombroso. Eso es lo que es. Le hace volar la mente".

"¿Puedo contarle una historia sobre Jesús y su gozo?"

"Bueno".

"Parece que Teres es una amable tía honoraria de tres niños en su iglesia que los llama "Bunny, Buddy y Budley". Bien, Teres les contó a esos niños que me conocía y que iba a hacer el rol de Jesús en una nueva película. Entonces, 'Bunny', Mónica Farrar, de ocho años, le dijo: 'Bien, espero que Él *sonría* mucho, porque en otras películas Jesús jamás sonrió, ¡y yo sé que Jesús sonríe constantemente!'"

"¡Qué bueno! Me gustaría decir eso en mi propio libro."

"Le dije a Teres que la pequeña Mónica encendió fuegos artificiales en mi corazón. Espere a ver el filme. Está completamente tomado del Evangelio de Mateo. Mis únicas palabras son las de Jesús".

"Sr. Marchiano –Bruce– gracias. Usted ha encendido fuegos artificiales en mi propio corazón. Dios lo bendiga."

> S.E.W.

CONMOCIONES EN EL CIELO

Un cambio asombroso

> *En el gozo algo sale de nuestro ser*
> *y va hacia el universo.*
> > **Richard Hooker**

Hace dos mil años atrás apareció sobre este planeta una Persona que trajo consigo un cambio asombroso en la calidad de vida entre los seres humanos. Sea lo que fuere que haya tenido esta Persona, era único. Eso lo apartó y lo hizo extremadamente fascinante para los demás. Por unos pocos y breves años apareció en las poblaciones y ciudades de Palestina, las que estaban en aquella época bajo la ocupación romana. Luego, desapareció, aunque algunos de sus más cercanos seguidores reclamaban que tenían una razón para creer que Él estaba –y está– todavía alrededor de nosotros.

Se le atribuyeron acciones destacadas, pero no escribió nada épico, ni levantó monumentos. En su temprana juventud parece haber trabajado con sus manos, después enseñó, oró y sanó, como muchos profetas lo han hecho antes de Él y continúan haciéndolo desde entonces. Que tenía un carácter noble y atractivo personal, y pronunció muchas cosas sabias que las personas han re-

Jesús Ungido de Gozo

petido desde entonces, podría ser dicho también de otros.

Sin embargo, para que esta Persona tuviera tal atractivo universal requería que tuviera algo muy especial en Él. Su Nombre está en los labios de alguien cada segundo del tiempo; de hecho, el tiempo está fechado desde su nacimiento. Un billón de seres humanos hoy en día reclaman ser sus seguidores, y la mayoría de ellos están convencidos que Él es el Autor de su salvación personal.

Pero, si había "algo especial" acerca de Él, ¿en qué consistía? Gilbert Chesterton nos dice que Él tenía un secreto. Pero, ¿qué secreto? Creo que puedes encontrarlo en las páginas siguientes. Ha sido divulgado antes, pero aún mucha gente parece no haberlo encontrado. Aún entre aquellos que han sido levantados en alta eminencia en su servicio, es aún, trágicamente, un secreto. Algunas personas son conocidas por vivir una vida seria y piadosa. Logran maravillosos hechos y consiguen metas poderosas que traen abundantes bendiciones para la raza humana. Parece inexplicable que pudieran haberse perdido el secreto, pero el hecho es que lo perdieron.

Lo que hace que todo esto sea tan extraño es que es un secreto abierto, derramado a través de todo el Nuevo Testamento para que cualquiera pueda leerlo. Es posible que no pueda deletrearse en cada página, por una muy buena razón; y sin embargo su efecto puede sentirse a través de todos los 27 libros y cartas. Es un secreto que explica, más que ninguna otra cosa, la atracción que esta Persona ha ejercido sobre las vidas de hombres y mujeres en la humanidad durante estos dos milenios. También nos ayuda a explicar lo que Dios tenía en mente cuando creó el universo y ubicó a los seres humanos en él.

Millones de seres humanos hoy están pasando tiempos muy duros. Saben que algo está mal. El instinto les dice que hay algo mejor para ellos que lo que están teniendo que pasar, pero se sienten impotentes para obtenerlo.

El hombre insensato, no sabe por qué,
piensa que no fue hecho para morir.[1]

Lily Tomlin, el comediante de televisión que llegó a la fama en

Un cambio asombroso

ese medio a través de sus personajes inolvidables en el programa "Laugh-in", hizo esta declaración que apareció en el diario *San Francisco Chronicle*: "En un mundo donde hay tantas cosas que están brutalizando y desensibilizando, tal vez ansiamos algo que nos llene con un júbilo agradable, un sentido de algo gozoso o amoroso, un sentido de inspiración. Cualquier cosa que nos eleve sobre este nivel banal, animal, de degradación, disminuido, de cucaracha[2]".

No pretendo poseer ninguna credencial especial o calificaciones para este esfuerzo de "hacer algo". Pero, ¿de qué valor son las credenciales cuando uno escribe acerca de la mente de Aquel que opera el cosmos? Pueden estar seguros de que no he descubierto nada nuevo. El secreto ha estado allí durante todo el tiempo, y mientras algunas personas lo han descubierto, muchas otras no.

Por los años 1870 un joven americano fue en barco hasta Inglaterra con ese secreto. Una persona que lo escuchó predicar le dijo que "Él rebosaba en la gracia gratuita de Dios. Que su gozo era contagioso. Los hombres salían de las tinieblas hacia la luz, y continuaban viviendo una vida cristiana después". Esas palabras salieron de un pastor inglés, R. W. Dale, y el hombre que él describía era Dwight L. Moody.

Este "secreto abierto" parece tener efecto especial sobre otras personas. En cuanto a nosotros, no tiene efecto directo en nuestro andar con Dios, nuestra santificación o glorificación, pero tiene mucho que ver en cómo disfrutamos estos privilegios.

De eso se trata este libro.

¿De quién fue la idea?

*Adonde el amor irradia su gozo,
allí tenemos una fiesta.*

El secreto de Jesús fue –y es– su gozo interior. Ese el mensaje de este libro. Muchas insinuaciones en el Nuevo Testamento nos llevan a creer que mientras estuvo en nuestro medio, Jesús tuvo una disposición animada y un corazón alegre.

Esto es lo que Gilbert Chesterton escribió en la conclusión de su libro *Ortodoxia*[1]:

"Él [Jesús] se guardó algo... Restringió algo... Había algo que Él escondió de todos los hombres... una cosa que fue demasiado grandiosa para que Dios nos mostrara cuando caminó sobre la Tierra; y algunas veces he imaginado que fue su júbilo."

Esa es una fascinante sugerencia, con toda clase de ingeniosas ramificaciones. Aunque, si tuviera la temeridad de responder, me animaría a sugerir que el júbilo es solamente una parte del secreto. El júbilo de acuerdo con el diccionario es la diversión espontánea, manifestada brevemente. Es una agradable expresión temporaria de una disposición hacia la hilaridad o el regocijo. Por contraste, el gozo del Señor en realidad es un fruto del Espíritu Santo, y es por lo tanto, una condición radiante del alma.

La condición del alma de Jesús es descripta por mi amigo actor, Bruce Marchiano, en estas brillantes palabras que he tomado prestadas de su reciente libro, *En las huellas de Jesús:*

> "Sí, Jesús sonrió; sí, Jesús se rió. Jesús se sonrió con más amplitud y se rió con todo el corazón más que ningún otro ser que haya caminado jamás sobre el planeta. Era joven. Irradiaba buen ánimo. El Jesús real fue un hombre de tal alegría y felicidad en el corazón, tal libertad y apertura, que fue irresistible. Llegó a ser conocido a través de Galilea por su fuerza genuina, el brillo en sus ojos, su andar entusiasta, la sinceridad de su risa, la veracidad de su toque; su pasión, vivacidad, entusiasmo y vitalidad: ¡su gozo! Él hizo una demostración deslumbrante de amor. Puso los corazones a arder. Era un gozoso y triunfante hombre joven con una increíble calidad de vida... tan diferente de los ejemplos religiosos solemnes que constantemente tenía que enfrentar".

Nosotros mismos también podemos expresar el gozo del Señor en sonrisas y risa y buen ánimo; pero esas no son las únicas formas. Participamos en su gozo a través de actos de adoración, alabanza, oración y canción, al testificar de la gracia salvadora de Dios y al ayudar a otros.

Una declaración en el Evangelio de Lucas ilustrará lo que quiero decir. Nos llevará más cerca de lo que llamo el secreto de Jesús: *"En aquella misma hora Jesús se regocijó en el Espíritu y dijo: Yo te alabo, oh Padre..."* (Lucas 10:21). Ese versículo menciona a los tres: Dios el Padre, el Hijo de Dios y el Espíritu Santo, que se unen regocijándose en adoración.

Tal versículo (y otros similares) claramente sugiere que nuestro Señor Jesús fue equipado con una disposición llamativa. Si es así ¿de dónde la sacó? ¿Cuál fue su fuente? Del lado humano, por supues-

¿De quién fue la idea?

to, allí estaba su madre María, una verdadera hija de la raza hebrea. La gente hebrea siempre fue conocida por lo gozosa, cantora, festiva. De esto el Antiguo Testamento da fiel testimonio, porque más allá de su historia inspirada y la profecía contiene el registro de grandes canciones y celebraciones del pueblo.

A los cristianos que han descubierto el secreto del gozo interior de Jesús les agrada pensar que vino de una fuente aún mucho más profunda – es decir, del cielo. De acuerdo a nuestras autoridades escriturales, el cielo es la fuente de origen de tales bendiciones: *"Toda buena dádiva y todo don perfecto desciende de lo alto..."* (Santiago 1:17) ¿En qué otro lugar podría haberse originado el gozo?

El Evangelio de Lucas nos dice que antes de que María se casara con José, el ángel le hizo una visita[2].

Le informó que el Espíritu Santo vendría sobre ella y que el poder del Altísimo la cubriría. Ella tendría luego un hijo cuyo nombre sería Jesús y que Él sería llamado Hijo del Altísimo. El Evangelio de Mateo también nos dice que un ángel también le dijo a José que María daría nacimiento a un hijo, que José debía llamar Jesús porque Él salvaría a su pueblo de sus pecados[3].

Cuando María fue a visitar a su prima Elizabeth con anterioridad al nacimiento de Jesús, Lucas dice que ella declaró: *"¡Engrandece mi alma al Señor; y mi espíritu se regocija en Dios mi Salvador!"*[4] ¿Existe algo más hermoso que la historia de Lucas de la primera Navidad, cuando el gozo de los ángeles llenó el aire sobre Belén? Hoy en Navidad se celebra el nacimiento de Jesús, en cuyo tiempo recordamos las señales maravillosas que acompañaron a ese hecho, y especialmente el mensaje de los ángeles que trajeron *"nuevas de gran gozo (...) a todo el pueblo*[5]*"*.

Más tarde, mientras se dieron a conocer Las Escrituras a la iglesia, Jesús no solamente fue reconocido como el Hijo de Dios, sino también como la segunda persona de la Trinidad y el Logos o Palabra que estaba en el comienzo con Dios. Tales conceptos teológicos profundos no son fácilmente captados por la mente humana. Para que entren, de modo que podamos mirar a la vida de Jesús como la fuente de gozo, se hace necesario que volvamos no meramente al primer siglo, o a la era antidiluviana, mesozoica o paleozoica, ni siquiera al comienzo del tiempo en sí mismo, sino mucho más atrás – a la eternidad.

Déjeme invitarlo a pasar al patio de nuestro modesto hogar. Es una noche clara, hermosa. Sólo por un momento olvidemos los problemas que enfrentamos y miremos la Luna, las estrellas, los planetas. Mientras miramos observamos al poder majestuoso del universo que obra, y se nos hace fácil atribuir personalidad al poder grandioso. Lo amamos. Es nuestro Dios, a quien nosotros los cristianos lo llamamos Padre. Él es el creador y sustentador del universo.

El Salmo 19 comienza con estas estremecedoras palabras:

Los cielos cuentan la gloria de Dios,
y el firmamento declara la obra de sus manos.

No todos tienen un punto de vista tan poético del comienzo cósmico. De hecho muchas personas, cuando dan una buena mirada a los cielos estrellados en una noche clara, dicen que se sienten incómodos con la creación, porque para ellos es un rompecabezas tan desconcertante. Si se preguntan: "¿De quién fue la idea?", probablemente alejarán ese pensamiento con "¿Qué tiene que ver esto conmigo?".

Bien, ¿de quién *fue* la idea? Cuando vamos a Apocalipsis 4 encontramos la respuesta. Juan el apóstol nos dice que cuando estaba en el Espíritu en la isla de Patmos, vio a cuatro criaturas vivientes que daban la gloria, el honor y agradecimiento delante del trono del Señor Dios Todopoderoso. Él también vio a veinticuatro ancianos, cada uno se postraba delante del trono y adoraba a Dios con las palabras "*…Señor, tú creaste todas las cosas, y por tu voluntad existen y fueron creadas*[6]".

Esta palabra de alabanza parece darnos una pista sobre por qué Dios hizo toda la creación: ¡Él es Dios! Él hace como le place. No está atado a nadie y no está en el bolsillo de nadie. Creó el universo en primer lugar no para demostrar su poder o declarar su gloria (que hace magníficamente), sino simplemente para cumplir su deseo personal al hacer algo que le dé placer. Seguramente uno puede inferir de la alabanza de los ancianos que ellos entendieron que en lo profundo del corazón de Dios es un gozo expresarse a sí mismo en sus poderosos actos de creación.

Cuando nosotros, humildes mortales, estamos en actitud creadora, rápidamente reconocemos la presencia del gozo que viene junto con nuestra propia creatividad. ¡Por algo Dios nos hizo a su imagen y semejanza! Agustín escribe en sus *Confesiones* que en su búsqueda de Dios fue a las "criaturas que se arrastran" del mar y les pidió que le dijeran algo acerca de Dios. En respuesta, todas ellas gritaron en alta voz: "¡Él nos hizo!" El libro de Job nos dice que cuando la creación tomó forma, las estrellas de la mañana cantaban juntas y *"se regocijaban todos los hijos de Dios"* (Job 38:7).

Me encanta la manera en que mi amigo el Dr. Shadrach Meshach Lockridge, uno de los más grandes predicadores de América, describe la formación del universo. Dice con cara seria: "Dios vino de ninguna parte, porque no había ningún lugar de donde venir. Y al venir de ninguna parte, se paró en la nada porque no había nada sobre qué pararse. Y de pie sobre la nada. ¡Salió a buscar donde no había nada para buscar, tomó algo de donde no había nada para tomar, y colgó algo sobre la nada y le dijo 'quédate ahí'!"

Así que, Dios, si nuestro entendimiento del texto de Apocalipsis es correcto, colgó algo sobre la nada, y trajo a la existencia la creación y continúa sosteniéndola. Todo esto lo hizo para su propio placer, porque deseaba hacerlo. No por poder, no por gloria, sino por gozo.

¿No es así?

¿Dónde lo consiguió?

> *Sol y Luna póstrense delante de Él,*
> *y todos los que habitan en el tiempo y el espacio.*
> *¡Aleluya! ¡Aleluya!*
> *¡Alabemos juntos al Dios de la gracia!*
> > **Henry Lyte**[1]

En una de sus más significativas exposiciones, Jesús dio esta palabra de júbilo a sus discípulos: *"No temáis, manada pequeña, porque a vuestro Padre le ha placido daros el reino"*[2]. ¿Cuánto conocemos acerca de lo que le place al Padre *"que se lo propuso a sí mismo"*? Nosotros los humanos con frecuencia encontramos placer en unir las cosas; ¿por qué no podría Dios el creador tomar gozo en lo que el salmista llama *"la obra de sus dedos"*? Escuche estas palabras en Isaías y Sofonías:

"Mas os gozaréis y os alegraréis para siempre en las cosas que yo he creado".[3]

"Callará de amor, se regocijará sobre ti con cánticos".[4]

Cuando medito en las palabras de apertura del Génesis, creo escuchar la música de las estrellas de la mañana. Hagamos una frase mejor que la aerolínea que proclama volar los "cielos amis-

TRES

tosos". Creamos que Dios ha puesto una canción en el espacio exterior, que las poderosas galaxias en sí mismas expresan un gozo cósmico:

"*...eternamente cantando, mientras brillamos,*
¡La mano que nos ha hecho es divina!"[5].

Nuestra primera premisa, basada sobre la fe, es que el cosmos que conocemos, el universo del cual ahora solamente podemos ver una pequeña porción a través del telescopio de Hubble, es una expresión de amor y gozo del Creador. Esta premisa está fundamentada en la Palabra de Verdad, en La Biblia, que proclama que Dios es amor. Si queremos podemos decir que Dios inventó la sonrisa y la risa humana, pero no podemos decir que inventó el amor, porque Él es amor. La poderosa maquinaria de las galaxias es la expresión de su amor. El gozo implantado por el mismo Dios Creador que actúa desde el amor se transformó en el gozo que hizo que las estrellas de la mañana cantaran juntas.

Antes de que dejemos los misterios de la eternidad, pensemos nuevamente acerca de Aquel que hizo ser esta magnífica expansión de la creación. Los teólogos dedujeron, no de las consideraciones espaciales, sino de su entendimiento de la revelación divina en La Biblia, un número de atributos de Dios que ellos consideran tienen autoevidencia. Estos atributos los llaman perfecciones divinas. La lista varía de un teólogo a otro y de una creencia a otra, pero habitualmente incluyen lo siguiente: Dios es infinito, eterno, inmutable, ilimitado, inmortal, omnisciente, toda sabiduría, toda bondad, espiritual, santo, soberano, justo, lleno de gracia, misericordia, amante y verdadero.

¿Vieron que algo se omitió de la lista? ¿Qué hay del gozo? Por alguna razón el gozo parece haber sido ignorado o silenciado, si no directamente pasado por alto en los estudios teológicos y escritos desde los días de los apóstoles. Una mirada rápida a cualquier estante de biblioteca de una Universidad Bíblica o Seminario es suficiente para convencer al investigador casual de la ausencia del gozo.

Sin embargo, seguramente el gozo no es incompatible con ninguno de los atributos en el compendio mencionado antes. Si Dios es perfecta santidad, ¿no es Él gozo perfecto? Si Él es amor, ¿no expresa su amor gozosamente?

Mi conclusión es que por lo menos algunos miembros respetados de la comunidad académica no consideran al gozo un atributo de Dios. Tal vez, piensan que atribuir gozo a Dios es (como diría Freud) un antropomorfismo. Yo presento a consideración que esta opinión no tiene sostén escritural, la cual nos dice en muchos lugares que *"Dios es amor"* y que *"el gozo del Señor es vuestra fortaleza".*

Los científicos algunas veces se refieren al cosmos material a nuestro alrededor con todas sus dimensiones y facetas, como el "dado". Si le preguntáramos a algunos miembros de la comunidad científica si el amor y el gozo están presentes en el "dado", se darían vuelta a mirarnos en forma rara. ¿Qué? ¿Amor en Arturus y Betelgeuse? ¿Gozo en las lunas de Unario?

La respuesta tendría forma negativa; seríamos informados que el universo es totalmente insensible a tales cualidades emocionales. El cosmos está allí –es un dato abierto al escrutinio de lo que es– pero no nos dice nada sobre sus orígenes: de donde vino o por qué existe. Tales cosas como el amor y el gozo, podemos buscarlas entre ciertas variedades de seres humanos, pero en ningún otro lado.

Aquí hay un aspecto interesante. Muchos de los científicos del pasado y del presente que han explorado el universo creen que existe "más allá afuera" de lo que los hechos materiales nos muestran. Tal como ellos lo ven, la suma de los datos, cuando se los considera juntos, es mayor que los datos que tiene la computadora. Están convencidos que Dios de hecho se revela a sí mismo en el amor, que el universo fue creado en bondad y es una expresión de placer y gozo divinos.

Por una u otra razón, muchos de estos científicos no pueden expresar su fe libremente en el aula, pero no por eso es menos genuina. Ellos deberían, yo pienso, acordar con la premisa de este libro: que la trinidad completa: –Padre, Hijo y Espíritu Santo– expresan el gozo que es inherente en lo que Dios ha creado, y que cuando Él condescendió a habitar en la Tierra, nuestro Señor Jesucristo llevó ese gozo al transformarse en el redentor de la raza humana. Cómo ocurrió eso está más allá de nuestra humilde capacidad de imaginación. Lo que vemos en los Evangelios es simplemente la evidencia.

Una vez que hemos mirado a lo vasto del alcance exterior de la creación de nuestro Padre, abramos ahora el registro y veamos cómo Jesús realizó su misión. Comenzaremos por examinar su personalidad. ¡Quédense! Será interesante.

EL HOMBRE DE GOZO

El Jesús alegre

*Es el corazón que no está seguro
de su Dios el que teme reír.*
> George MacDonald

En 1514 alguien publicó una sensacional falsificación en Venecia, Italia, que pretendía ser una descripción de Jesucristo por un tal Publius Lentulus. Este Lentulus, se decía, había sido procurador de Judea antes o después de Poncio Pilato. La familia Lentulus era prominente en el antiguo Imperio Romano, y un miembro de ella estaba registrado como que había sido gobernador de la provincia de Siria 60 años antes de Cristo.

Sin embargo, "Publius Lentulus" nunca existió excepto en la mente fértil de algún perpetrador medioeval de engaños.

No obstante, el documento simulado ha circulado ampliamente a través de Europa aún hasta nuestros días. Se titulaba "La Epístola de Lentulus al Senado Romano", y la descripción de Jesús de Nazaret traducida al inglés, tal como la encontré en el salón de libros raros de la Biblioteca del Congreso, es la que sigue:

CUATRO

Jesús Ungido de Gozo

"Él es un hombre alto, de buenas formas y de un aspecto amistoso y respetable; su cabello es de un color que difícilmente pueda compararse, y cae en agraciados rulos... partido en la corona de su cabeza, corre como una corriente hacia el frente tal como lo usan los nazarenos; su frente es alta, larga e imponente; sus mejillas sin manchas o arrugas, hermosas con un rojo bello; su nariz y boca forman una exquisita simetría; su barba, de un color que combina con el cabello, llega debajo de su mentón y partida al medio se divide; sus ojos brillantes azules, claros y serenos[1]..."

En el próximo párrafo aparece la declaración "Ningún hombre lo ha visto reír", la cual ha tenido un impacto asombroso sobre la iglesia.

Bruce Barton describió el documento falso en su libro *El hombre que nadie conoce*, publicado en 1926[2]. Barton relató que había leído un libro inglés contemporáneo en el cual el autor decía que había visitado a cierto "Lord Fisher" (probablemente Sir Norman F. W. Fisher) y lo encontró con el espíritu deprimido. Este señor inglés que habitualmente era vivaz encontró por casualidad la declaración fraudulenta de Lentulus y su lectura había sacudido su fe como cristiano. Decía a su visitante: "Adorar a un Señor que nunca se río – me hace daño, y el señor Fisher no disimulaba eso".

La inferencia aquí es que Jesús nunca se rió, y por lo tanto, el humor que hace tanto para aliviar el estrés de nuestra existencia diaria, no tuvo parte en la vida de nuestro Señor. Barton dijo que el fraude de Lentulus "le robó al mundo el gozo y la risa del hombre más amistoso que jamás haya vivido". El documento implicaba más aún: dado que somos seguidores de Jesús presumiblemente el humor no debería tener lugar en nuestras vidas tampoco[3].

Este documento fabricado, no solamente irrisorio, sino que también es teológicamente poco profundo. La doctrina ortodoxa desde el Concilio de Calcedonia (451 d.C.) ha sostenido que Jesucristo es "perfecto en divinidad y también perfecto en humanidad; verdadero Dios y verdadero hombre, de alma y cuerpo razonable

El Jesús alegre

(…) en todas las cosas como nosotros, sin pecado." "¡Todas las cosas" incluye la risa! ¿Cómo Jesús podía ser un verdadero hombre sin reírse ante algunas de las cosas incongruentes que suceden en la vida, como esta carta engañosa? Si Jesús lloró, también rió. La risa es una de las características que distingue a los seres humanos de los primates. Es también una característica del reino de Dios – por lo menos así es como yo leo al apóstol Pablo, cuando escribió a los Romanos: *"Porque el reino de Dios es (…) gozo en el Espíritu Santo"* (14:17).

Ante un poco de oportunidad en cualquier siglo, el auténtico gozo humano se expresa naturalmente a sí mismo en regocijo. No con ridículo, o burla, o mofa, o chistes subidos de tono, sino en la expresión juguetona de las personas que alivianan así las circunstancias turbulentas de la vida y tienen diversión unas con otras. Muchos de nosotros hemos tenido trabajos en los cuales la atmósfera burlona era inaceptable, pero gracias a Dios que también hay grupos cristianos y grupos de música donde los espíritus alegres pueden tomar las cosas bien y "aún contarlas todas como gozo" y donde las bendiciones inesperadas del cielo producen gritos de "¡Aleluya!"

Un viejo filósofo, el hermano Calvin Fairchild, lo dijo de esta forma: "Algunos piensan que es vulgar reírse, pero dejen que ellos se queden en esa postura de las sombras tristes de la vida si así lo eligen. Como regla general los mejores hombres y mujeres se rieron mucho. La buena, completa y sacudidora risa es sana para todos".

Mucha alegría está registrada en el Antiguo Testamento mientras el pueblo israelita disfrutaba de sus festivales. También había alegría en los tiempos del Nuevo Testamento, si uno se ocupa de buscarlo; Jesús mismo, como un verdadero hombre de gozo, tenía una visión alegre sobre la vida. Unos pocos libros han sido escritos para describir la vivacidad de nuestro Señor. Sus réplicas ingeniosas, su penetrante sentido del absurdo (el camello y el ojo de la aguja), y su habilidad para ver el lado cómico de muchas situaciones humanas o momentos de apuro. He descubierto que aún cuando no había nada de humor involucrado, como en los relatos de la conversación de Jesús con la mujer en el pozo o con la mujer adúltera, los diálogos llevan un estilo único, una vuelta y una calidad

Jesús Ungido de Gozo

que revelan el toque del Maestro. Su buen acercamiento natural a la vida parece tener sus raíces en el gozo interior.

Por lo tanto, cuando sus contemporáneos acusaron a nuestro Señor de ser "bebedor de vino" (lo que llamaríamos un "tomador"), Él se rió de ello. Cuando reprocharon a sus discípulos porque no ayunaban, les dijo que no podían porque eran parte de una fiesta de bodas. Cuando fue comparado desfavorablemente con su amigo Juan el Bautista, aprovechó la ocasión para alabar a Juan. Cuando sus discípulos fueron acusados de violar el sábado al recoger espigas, Jesús se deleitó subrayando que David una vez también violó la ley en Nob al comer el pan sagrado que Abimelec le dijo que había sido reservado para los sacerdotes, y luego se lo pasó a su tropa[4].

¿Qué suponen ustedes que fue la atracción que hizo que los pescadores galileos dejaran sus redes y siguieran a Jesús? ¿Qué llevó a Mateo, recolector de impuestos a abandonar su puesto y caja de dinero para unirse al equipo de Jesús? Una respuesta podría ser: Jesús fue un hombre de tal gozo, tal alegría, tal regocijo en el Espíritu, tal libertad y apertura que era irresistible. Hoy en día eso puede ser difícil de visualizar, pero en la antigua Palestina era claro que las personas querían estar cerca de Él, para atrapar su resplandeciente espíritu, y si fuera posible para aprender su secreto, para compartir su gozo y unirse a lo que Él hacía por otras personas.

Mi pastor, el Dr. Michael MacIntosh, ha capturado este espíritu de gozo con exactitud en su libro *El tierno toque de Dios*:

> El gozo del Señor estaba en la tumba de Lázaro vuelto a la vida, que dominaba la tristeza y el desaliento de las hermanas del hombre muerto.
> El gozo estaba allí cuando el leproso regresó para agradecer a Jesús.
> El gozo estaba allí cuando una mujer tomada en el mismo acto de adulterio fue perdonada y liberada de su pecado.
> El gozo estaba cuando el sordo escuchó, el ciego vio y el cojo caminó. El gozo estaba allí en la ladera de la montaña mientras las multitudes escuchaban a las profundas enseñanzas de Jesús. El gozo estaba allí cuando los niños se

arremolinaban alrededor de Jesús.

El gozo estaba allí cuando el muchacho le dio a Jesús su almuerzo para que Él hiciera el milagro y alimentara a los miles. El gozo estaba allí cuando Jesús perdonó a Zaqueo por abusar de su autoridad. El gozo estaba cuando Jesús se paró y detuvo la tormenta. El gozo estaba cuando apenas amaneció y las mujeres supieron que Jesús había resucitado de entre los muertos. Por todos lados donde Jesús iba, el gozo lo seguía[5]".

La mayoría de las representaciones pictóricas de Jesús lo muestran serio, afligido, aún llorando en agonía de espíritu y cuerpo, o en otras rígido, determinado y desafiante. El sólo pensamiento de que apareciera vivaz o de una manera festiva evidentemente es escandaloso para algunas mentes religiosas. Un Jesús alegre parece ser para ellos ofensivo y sacrílego. Los credos y catecismos de la iglesia se han ocupado intensamente de establecer las verdades bíblicas para nosotros, pero en su forma sedante puede que hayan omitido importantes aspectos del hombre Cristo Jesús.

Categorías y cantidades de cristianos han mejorado esto con los años. Parecen haber captado algo del hombre de gozo y su mensaje de buen ánimo. Aún hombres que nunca han ido a la iglesia han sido conocidos por admirar a Jesús como "un buen hombre", y "una persona optimista que logró establecerse". Pero normalmente el elemento religioso solemne continúa dominando y el gozo está perdido.

Billy Graham escribió en *El secreto de la felicidad*: "Nunca oímos acerca de Jesús riéndose, aunque estoy seguro que Él lo hizo". Por encima de todo, lo que me convence para decir que Jesús se río es el hecho de que cuando las personas están "en Cristo" también comienzan a reír.

Lucas registra una escena inapreciable cuando el Espíritu Santo llenó a Jesús de regocijo. Había enviado a 70 evangelistas a las ciudades y aldeas que Él tenía la intención de visitar. Ahora habían regresado de su recorrido, desbordantes por los resultados de su predicación ¿Se reían ellos? Por supuesto que se reían. En este punto, Lucas escribe, que Jesús capturó la verdadera hilaridad de la escena cuando dijo: *"Te alabo, Padre, Señor del cielo y de la tierra porque has escondido estas cosas de los sabios y prudentes y se las has revelado a los niños"*[7].

La Biblia nos recuerda una y otra vez de la *"voz de júbilo"*. El libro de Proverbios dice que *"el corazón alegre está siempre de festejo"*, y que ese corazón es buena medicina. El salmista canta: *"Entonces nuestra boca se llenará de risa"*. En otro salmo habla de *"Dios mi gozo rebosante"*. ¿Cómo expresamos el gozo rebosante? ¿Qué hacemos? ¿Reímos? Isaías estalla *"voz de gozo y de alegría (...) del novio y (...) su esposa"*. Jesús les dijo a sus discípulos que luego que Él los dejara su tristeza se convertiría en gozo, que nadie podría quitarles. El apóstol Pedro declara que los cristianos a quienes les está escribiendo *"están llenos de un inexpresable y glorioso gozo"*.

En el capítulo 12 de la carta a los Hebreos hay un versículo que nos da un entendimiento inusual dentro de la actitud mental de nuestro Señor al comenzar su ministerio. El versículo dice: *"Puestos los ojos en Jesús (...) el cual por el gozo puesto delante de él sufrió la cruz, menospreciando el oprobio, y se sentó a la diestra del trono de Dios"* (12:2)

¿Gozo? ¿Cuál gozo? El gozo del cielo, por supuesto.

"No os preocupéis del mañana", les aconsejó Jesús a sus discípulos, *"Vuestro Padre celestial sabe de qué tenéis necesidad"*. Ante la pregunta de Pedro sobre el futuro de Juan Jesús le respondió: *"¿Qué a ti? Tú sígueme"*. Y a los hermanos que discutían sobre su herencia les dijo simplemente: *"¿Quién me hizo juez sobre vosotros?"* En cada incidente había tal vez un guiño de sus ojos.

Por causa del cielo, Jesús pudo enfrentar lo que tenía que encarar en la Tierra. Por causa de la emoción y la maravilla de la eternidad, pudo atravesar el fuego cruzado de ese momento. Por causa de la gloria de Dios su Padre, pudo soportar el orgullo pecaminoso y los increíbles errores de los hijos de los hombres. Y por causa de la presencia del Espíritu Santo con Él, pudo llevar el ánimo de su gozo eterno mientras cumplía la voluntad de su Padre: *"Tened ánimo"*. Eso es "¡Coraje!" ¡Resplandezcan!, les dijo a sus discípulos: *"Hay tribulaciones en esta vida, pero yo he vencido al mundo"*[8].

Como el profesor John Knox dice, Jesús fue "un hombre de incomparable conocimiento moral, entendimiento e imaginación, de singular propósito moral e integridad, de extraordinario coraje moral y ardor, de intensa devoción a su tarea, y con una gozosa confianza en Dios. A pesar de que se tomó la vida muy seriamente, no hay razón para pensar que la tomó con solemnidad; tal vez, la tomó demasiado seriamente para tomarla solemnemente... Enfrentó la completa gama de la vida humana con absoluta fidelidad y con frescura y gran buen humor. Creyó que lo que es hermoso y bueno en este mundo y en la vida humana debe disfrutarse sin disculparse por ello.[9]

Considere la forma en que Jesús se condujo a sí mismo con los niños. En realidad reprendió a sus discípulos por ser aguafiestas e interferir cuando los niños se le subían a su espalda (como probablemente lo hicieron) y le tiraban de la barba y lo besaban. ¡Qué tiempo gozoso!

Las mujeres, gente enferma y las personas de otras razas y culturas todas vinieron a Él con sus problemas, porque sabía que serían tratados con gentileza, respeto, compasión y amor.

En cientos de lugares La Biblia nos dice que el mensaje de salvación en Cristo es un mensaje bañado de gozo. La misma palabra *Evangelio* significa "buenas nuevas, buenas noticias". El Catecismo Breve de Westminster declara que el principal fin del hombre (o como diríamos nosotros, la humanidad) es glorificar a Dios y disfrutar con Él para siempre. Dejo a mis amigos que están mejor calificados que yo para que les digan cómo glorificarlo. Mi propósito es llevarlos a disfrutar de Él.

Una boda fuera de lo común

*Manténgase en compañía de los santos más gozosos;
no existe júbilo como el de los creyentes.*
> Richard Baxter

Usted y yo estamos invitados a un lugar encantador donde hay gozo y risa. El lugar es Caná, una población de Galilea, donde está por comenzar una ceremonia de bodas.[1]

Jesús y su madre están entre los invitados, asimismo los discípulos, entre quienes por supuesto, se nos incluye a nosotros. Esto es, algunos de nosotros. Otros han estado allí desde hace un tiempo; hicieron los preparativos para la festividad.

Es una hermosa ocasión y todos sonríen. Brilla el entusiasmo. La presencia de Jesús presta un inesperado toque de gloria a los sucesos. ¿Puede imaginarse algo más emocionante que estar allí?

¿Por qué creen que Jesús fue invitado a este evento? ¿Porque tenía una expresión triste? No. ¡Qué mala lectura de su verdadero carácter! Si leo Las Escrituras correctamente, Jesús fue una persona atractiva con una personalidad contagiosa – exactamente del tipo de individuo con quienes las personas les gusta andar. Exhibía un espíritu y luz serena. Irradiaba júbilo. De acuerdo con la carta a los Hebreos, estaba ungido con óleo de alegría más que sus compañeros.[2]

Por eso Jesús fue invitado a la boda. No porque fuera un pariente que tenían que invitar. No porque fuera el apóstol de la ruina y la desesperación. No porque estuviera seguro de que iba a poder ir de un invitado al otro y arrinconarlo para informarle que las llamas del infierno le esperaban. Fue invitado porque era alguien especial – un caballero, una persona amable y un amigo muy cálido.

¿Cómo comparamos este cuadro con otras Escrituras que nos dicen que Jesús fue varón de dolores experimentado en quebrantos?[3]

Observemos primeramente que las penas y dolores que vinieron más tarde en su ministerio en cumplimiento de la profecía, no fue idea suya. Sabía sobre eso, pero en la boda parece que no influían para nada en su temperamento. Cuando llegaron, fueron lanzados sobre Él desde afuera. Estaría listo para ellos; pero esta boda se realizó tempranamente en su ministerio, y en ese momento Él no pedía ningún problema ni daba lugar a los pensamientos sobre el mañana.

Entonces, aquí está el Jesús real – joven, fresco y entusiasta, que comienza a hacer lo que le fue divinamente asignado para nuestro planeta con el fin de traer alivio a la muy presionada raza humana. ¡Qué misión! Recuerdo de mis años juveniles una balada popular sobre Casey Jones, un legendario ingeniero de locomotoras que, luego de ser asignado a hacer un peligroso recorrido entre Lynchburg y Danville, Virginia, "subió a su cabina con las órdenes en la mano". En su bautismo, Jesús tuvo sus órdenes en su mano. Supo que estaba haciendo frente a un recorrido muy duro, pero no desmayó ni se deprimió. El Nuevo Testamento nos dice que por el *"gozo puesto delante de él sufrió la cruz, menospreciando el oprobio"*.[4]

Nuestro Señor vino del cielo para traer salvación al mundo, y luego de su intensa experiencia de sacrificio regresó a los cielos para reinar por siempre, pero con la promesa de que volvería a la Tierra. Su Padre lo envió a nosotros para predicar el reino de Dios, para hacernos libres de nuestros pecados y prepararnos para tener un lugar en la gloria. Enfrentó la maldad espiritual en los lugares altos, y

Una boda fuera de lo común

se mostró preparado y deseoso de tener batalla con ellos.

En la boda, mientras Jesús camina con su madre al lado, ella lo detiene. Le dice: *"Se quedaron sin vino"*⁵. Muchas personas tienen dificultad en entender la respuesta de Jesús. Yo lo veo poniendo sus manos sobre los hombros de su mamá y diciéndole con un amoroso guiño en los ojos: *"Mujer, ¿qué hago contigo? ¡No es mi hora!"* (Cuando Dostoievsky describió esta escena en *Los hermanos Karamazov*, agregó, "Él [Jesús] debe haberle sonreído con gentileza.")

En una cultura donde las mujeres eran clasificadas como una posesión, Jesús siempre las trató con gentileza, respeto y dignidad. Lo mismo puede decirse de su trato hacia las personas de otras razas – el centurión romano, la mujer cananita. Y en cuanto a los enfermos y débiles, Él no les estrechaba la mano; simplemente los sanaba.

María había experimentado una premonición de lo que venía, porque les dice a los siervos (recuerden, usted y yo estamos allí y fuimos elegidos para servir) *"Haced todo lo que os dijere"*⁶. Poco después Jesús ordena que las grandes tinajas de piedra sean llenadas con agua. Nosotros lo hacemos. Entonces, nos dice que saquemos algo del agua y se la llevemos al maestresala. Hacemos eso. El maestresala prueba lo que le llevamos y sus cejas se alzan. Llama al novio y le pregunta: *"¿Qué pasa?"* Bueno, sucede que usted y yo vimos lo que pasa. Vertimos el agua adentro de esos jarros. Eramos conscientes de que Jesús estaba haciendo algo *como* Dios con el proceso de la naturaleza. ¡Sabíamos!, ¡sabíamos! Pero la misma naturaleza del milagro fue tal, que a pesar de lo asombroso, quedamos estáticos.

C. S. Lewis sugiere que para entender este y otros milagros, necesitamos primero creer en una realidad más allá de la naturaleza, más allá del universo mismo.⁷ Dice: "Hay una actividad de Dios expuesta a través de toda la creación. El universo mismo es un gran milagro". Luego, nos trae de nuevo a la Tierra: "Los milagros hechos por Dios encarnado, viviendo como hombre en Palestina (esto es, Jesús), hacen lo mismo que esta masiva actividad [en la creación], pero a una velocidad diferente y en menor escala". En otras palabras, "los milagros... hechos en pequeño y rápido", lo que Dios está haciendo siempre en su creación. La misma milagrosa actividad que opera el universo, por ejemplo, fue empleada por Jesús al dar de co-

Jesús Ungido de Gozo

mer a los cinco mil para transformar un poco de pan en mucho[8].

Año tras año el soberano Dios crea vino a través de las viñas, granos a través de las espigas, bebés a través de la procreación natural. Lewis señala que cuando ocurren los milagros, el registro del Nuevo Testamento nos muestra consistentemente que Dios usaba la naturaleza ordinaria como canal para lo "sobrenatural". Utilizó agua milagrosamente para crear vino, y panes y pescados para multiplicarlos en panes y pescados. En cuanto a la sanidad, cuando Dios entra en el orden natural para realizar un milagro de sanidad, su energía divina utiliza los órganos naturales del cuerpo. *"Extiende tu mano"*, dijo Jesús un día sábado a un hombre con la mano seca. Así lo hizo, y la mano fue milagrosamente restaurada.[9]

Para entender completamente lo que sucedió en Caná, creo que tenemos que estar en el secreto de Jesús. Él era un hombre de gozo, ¿recuerdan? Llevaba una carga ligera y operaba con un corazón alegre. Es difícil para nosotros tener este hecho en mente porque estamos tan acostumbrados a las descripciones "santas" de Él hechas por mano de hombre, en medio de pesadas solemnidades religiosas.

Tal vez, por encontrarse en una fiesta de bodas, Jesús decidió hacer una pequeña broma de su parte. Como era costumbre en el medio oriente en las festividades sociales, el mejor vino era servido a los invitados en primer lugar; luego se reservaba algo semejante para aquellos que pedían más. Jesús dio vuelta las cosas, como lo hizo con frecuencia. Trajo lo mejor a lo último – un toque profético, altamente entretenido y algo llamativo, pero parece que la boda ganó bastante con eso. Posiblemente Él lo hizo en honor de sus amigos, la novia y el novio.

El texto dice que Jesús dio una señal a los celebrantes. ¿Qué significaba esto? Tal vez, simbolizaba el mensaje del Evangelio, al decirles que vino a la Tierra para cambiar el agua de la religión convencional ordinaria en el vino del gozo y el amor en el Espíritu por su directa acción como Dios.

Tal vez, Él pensaba más allá de eso, hacia Pentecostés, hacia el tiempo cuando el Espíritu de Dios sería "dado", y Él tocaría nuestros espíritus con su propia llama santa, y volviera nuestras vidas individuales en vasijas de gozo y risa, y buenas nuevas y amor *ágape* para todos. Estoy seguro que Él miraba hacia el Gran Día último luego de la tribulación cuando el reino vendría, y nos íbamos a relajar de nuestras luchas y preocupaciones y quejas, y aparecieran los panderos. ¡Abundante gozo! ¡Viviente!

Mientras tanto, al entrar en el nuevo milenio el Espíritu Santo todavía derrama amor en nuestras vidas individuales. Los espíritus malos de resentimiento, hostilidad y amargura son disueltos por un divino solvente que gotea desde los cielos hacia el corazón. Leer La Biblia para algunas personas ya no es mas una tediosa actividad sino que se transforma en un festejo sobre la Palabra. La adoración se transforma en una celebración gozosa. El asistente casual a la iglesia se transforma en un creyente, objeto de gracia y tributario de amor. El agua se ha vuelto vino – no la droga alcohólica, sino el vino de un corazón con contentamiento, el vino de la paz y la alegría.

En cientos de lugares La Biblia nos dice que el mensaje de la salvación en Cristo no es de juicio, sino de amor y gozo. Las palabras (la raíz) "evangel" y "evangelio" significan "buenas nuevas, buenas noticias". Muchos de los grandes himnos de la fe que cantamos tan majestuosamente son en realidad efusiones de gozo.

¿Qué es el gozo? Es disfrutar de Dios y de las buenas cosas que vienen de su mano. Si nuestra nueva libertad en Cristo es un pedazo de torta, el gozo es la cobertura. Si La Biblia nos da las maravillosas palabras de vida, el gozo provee la música. Si el camino hacia el cielo se vuelve una ladera ardua para subir, el gozo sostiene la telesilla.

El hecho es que el gozo es un atributo de Dios en sí mismo. Trae con él placer, alegría y deleite. El gozo es diversión sin frivolidad, hilaridad sin estridencias y júbilo sin crueldad. El gozo es informal sin ser libertino y festivo sin ser barato. El gozo irradia animación, brillo y empuje. Es más que diversión y con todo es divertido. Se expresa a sí mismo en risa y alborozo; sin embargo, sale de una fuente profunda que sigue fluyendo largo tiempo después que la risa ha cesado y las lágrimas han venido. Aún cuando se une a aquellos que están afligidos, se mantiene animado en un mundo que se ha puesto gris de aflicción y preocupación.

La palabra gozo no es sentimental. Tiene un gusto y un sabor, el estímulo del aire de la montaña. Aleja el polvo de nuestros días con una fresca brisa, y hace la vida más libre de preocupaciones. Tal vez, los traductores franceses de La Biblia intentaron decir algo parecido cuando interpretaron la tercera bienaventuranza "Bienaventurados son los joviales porque ellos heredarán la tierra".[10] Los franceses aparentemente ven una cualidad de libertad de las preocupaciones en los mansos y humildes que la mayoría de nosotros nos perdemos. ¿Está el gozo libre de preocupaciones? ¿Es el gozo "jovial" – de corazón alegre, genial y lleno de gracia? Usted decide.

Goethe, a la edad de 75, admitió que solamente había conocido cuatro semanas de felicidad. Hay cristianos, algunos de ellos víctimas de sufrimientos que les duran la vida entera, que podrían decir casi lo mismo sobre la felicidad. ¡Pero, gozo! Aquí ya nos movemos hacia una diferente dimensión, y esa luz reveladora viene a los ojos del creyente. Gozo es el gozo de la salvación, el regocijo del Espíritu de Dios en los hombres y mujeres, *"medida buena, apretada, remecida y rebosando"*[11].

El gozo fue parte del ministerio de Jesús mientras estaba en la Tierra; de las dos formas: gozo presente y en perspectiva. Para los cristianos de hoy, el cumplimiento nunca está del todo completo en este "valle de lágrimas", pero hay siempre gozo en perspectiva. Por lo tanto, el gozo se transforma en el éxtasis de la eternidad en un alma que ha hecho la paz con Dios y está lista para hacer su voluntad, aquí y en adelante.

En Caná los votos de matrimonio habían sido intercambiados y los ritos de la boda cumplidos. Una multitud jubilosa escoltaba a la novia y al novio a su nuevo hogar. El texto dice: *"Este principio de señales hizo Jesús en Caná de Galilea, y manifestó su gloria; y sus discípulos creyeron en él"*[12]. De esta manera, el cielo sonrió ante el primer milagro de Jesús.

¿Qué nos impide tener este tipo de regocijo? No lo sé. No soy profeta, no tengo una píldora para ofrecer en el mercado que pueda producir una disposición optimista y un corazón jubiloso. Pero puedo orar para que usted sea salvo por la sangre de Jesús y lleno del Espíritu Santo de modo que Él pueda darle gozo. Conozco esa ruta.

"Smog" religioso

Las palabras de gozo son como las compuertas; las abres e inundaciones se derraman a través de ellas.
> Amy Charmichael

Años atrás mientras estudiaba, servía como pastor en California del norte. Una adolescente del grupo de nuestra iglesia, cuyo nombre no me acuerdo, me hizo una pregunta. Dijo que salía con un joven de diferente fe (un hecho que yo ya sabía) y que ciertos aspectos de la enseñanza de su iglesia creaban problemas en su relación. Dijo que había ido a ver al pastor, quien, luego de escucharla le dijo: "Mi querida, ¿no sabes que estamos en este mundo para sufrir?"

Luego de eso encontré una notable declaración similar en la novela inglesa de Thackeray *Los recién llegados*. Un sacerdote francés trata de alentar a una esposa que hacía largo tiempo sufría con las palabras "No encontrarás aquí, hija mía, tu felicidad. A quien el cielo ama, lo aflige".

La pregunta de mi amiga adolescente era: "¿Cree que eso está bien?"

Permítanme utilizar esa pregunta de la joven como trampolín para entrar en el verdadero tema, el cual involucra el misterio completo de la

Jesús Ungido de Gozo

existencia sobre la Tierra. Su amigo pastor dicía bien que hemos nacido a un mundo de sufrimiento, mucho del cual parece venir sobre nosotros sin ninguna explicación. Pero La Biblia, la Palabra de Dios, ¿realmente enseña que nuestro *propósito* es nacer para sufrir? ¿O simplemente es ese algún tipo de "smog" religioso?

Para ponerlo en términos doctrinales más precisos, ¿el cristianismo enseña que cuando Dios creó la raza humana, la predestinó (o la mayoría de ellos, incluyendo a los bebés) a eterna miseria por su inescrutable voluntad? ¿O enseña que Dios se enojó tanto por el pecado de Adán y Eva que condenó a la raza humana para que recibiera su castigo aquí sobre este planeta a través del sufrimiento? Piense por un minuto. ¿Son esas realmente las buenas nuevas del Evangelio? ¿Es ese el "reino" del que Jesús hablaba? Y cuando dice: *"He venido para que tengan vida, y la tengan en abundancia"* ¿es eso lo que quería decir?

Anteriormente sugerí que el gozo interior de Jesús vino directamente del corazón de su Padre celestial por el Espíritu Santo, y que por el lado humano la naturaleza de su genio venía por parte de su madre, que era la hija de una raza conocida y honrada por todo el mundo por su alegría, vivacidad y habilidad para reír aún en las más profundas circunstancias de pruebas (piense en las contribuciones de los comediantes judíos).

Ahora, quiero sugerirle una tercer fuente del gozo de Jesús: la palabra escrita de Dios, el Antiguo Testamento.

Comencemos con los salmos, los que Jesús parece haber amado y citaba con frecuencia. Cuando me senté un día y seriamente comencé a buscar amor y gozo en ese libro, me entusiasmé de una manera (para pedir prestada una frase de mi madre comúnmente utilizada) "más allá de mí mismo". En particular encontré varias formas de la palabra gozo, gozoso, disfrutar, deleitar, alegría exuberante y júbilo, las cuales aparecieron más de cien veces, cuando comencé con el Salmo 1 y terminé con un giro musical en el Salmo 150. Me informaron que un estudioso hizo una lista de 13 raíces hebreas y 27 palabras separadas para "gozo" en el Antiguo Testamento.

Luego de leer los salmos en mis devocionales personales por mitad de un siglo, estaba bajo la impresión común de que la mayo-

"Smog" religioso

ría de ellos eran de carácter triste, que reflejaban las dificultades y luchas de la existencia en Palestina. ¡Ahora me doy cuenta que nada puede estar más lejos de la verdad!

Los salmos son sobre todo himnos de alabanza y acción de gracias que nos dan dulce sabor y rico perfume a la vida. Irradian alegría y júbilo; resplandecen con entusiasmo y espíritu elevado. Si nos hemos perdido eso (y yo por un tiempo me lo perdí), puede ser porque por siglos los hemos asociado con una forma litúrgica que hace hincapié en la veneración y el temor antes que en el gozo.

Pero los salmos nos son endechas o lamentos; son predominantemente el fecundo derramamiento de los escritores que literalmente se golpean los talones de tanto entusiasmo, por haber descubierto el amor redentor del Dios Todopoderoso.

"¡Gritad de gozo!" "¡Alabadle con címbalos!" "¡Alabadle con panderos y danza!" "¡Haced música para Dios!" "¡Alabadle, sol y luna!" "¡Exaltad al Señor!" "¡Mi corazón salta de gozo!" "En tu nombre alzaré mis manos." "Los montes están vestidos con regocijo." "¡Los valles… gritan de gozo y cántico!"

Continuemos nuestra búsqueda: investiguemos algunas otras Escrituras del Antiguo Testamento.

Escuchamos a Dios hablar al profeta Isaías con estas palabras: *"Gritad de gozo, oh cielos, regocijaos, oh tierra; estallad en canción, oh montes!"* y nuevamente: *"¡Haré de ti(…) el gozo de todas las generaciones!"* Nehemías escribe: *"El gozo del Señor es vuestra fortaleza"*. Sofonías declara: *"El Señor (…) se regocijará sobre ti con cánticos"*. Aún el sardónico predicador en Eclesiastés dice directamente: *"Dios da (…) gozo"*.

Para mí es difícil llamar a Jeremías el "profeta llorón" luego de leer su gloriosa descripción de la bendición de Dios que vendría al pueblo judío cuando volvieran de la cautividad de Babilonia:

*Porque Jehová redimió a Jacob, lo redimió
de mano del más fuerte que él.
Y vendrán con gritos de gozo en lo alto de Sión,
y correrán al bien de Jehová, al pan, al vino,
al aceite, y al ganado de las ovejas y de las*

*vacas; y su alma será como huerto de riego,
y nunca más tendrán dolor.
Entonces la virgen se alegrará en la danza, los
jóvenes y los viejos juntamente;
y cambiaré su lloro en gozo,
y los consolaré, y los alegraré de su dolor.*
Jeremías 31:11-13

Ni el Antiguo ni el Nuevo Testamento podemos decir que revelan a un Dios cuyo principal propósito hacia los seres humanos sea afligirlos con sufrimiento. ¡Justamente lo opuesto! Les deseó las bendiciones de paz, amor y gozo en tierra fructífera y de abundancia.

En una manera gentil y afectiva miremos ahora a la iglesia que Jesús fundó, y que nosotros amamos hoy en día, si bien cada uno a su manera. Mientras la iglesia se dirige al tercer milenio, ¿ refleja el tono del libro de Hechos? ¿Lleva el cálido espíritu de los primeros cristianos, cuya tremenda popularidad se esparció alrededor de todas las costas mediterráneas?

¿O es posible que la iglesia haya (en forma inconsciente, tal vez) destilado y sacado mucho del gozo de la cristiandad? Piense en personalidades angelicales como las de san Francisco de Asís, el hermano Lorenzo de la Resurrección o Billy Bray, el predicador laico galés. ¡Cuán raros han sido esos apóstoles del gozo en los anales de la historia de la iglesia! Cada uno fue tremendamente popular en su tiempo, pero la iglesia pareciera que apenas supo qué hacer con ellos.

La Biblia nos dice que aún los ríos y los árboles del bosque aplauden en alabanza a Dios, pero en muchas iglesias hoy en día batir palmas es rara vez practicado. Pareciera que hemos dado vuelta a Isaías y cambiamos sus vestiduras de alabanza por espíritu de pesadez. El júbilo, el corazón alegre y el regocijo parecen fueran del orden en muchas asambleas de iglesias. El gozo es escasamente considerado en nuestros institutos bíblicos e índex de las bibliotecas. Rara vez integra nuestros credos e historia de la iglesia. No se lo puede ubicar en los registros de las guerras religiosas, disputas eclesiásticas y persecuciones.

"Smog" religioso

Actualmente en muchos servicios de adoración los salmos que están tan llenos de alegría y bendiciones se leen en alta voz, pero la mayoría de las veces en una forma ceremoniosa. No es que el gozo sea enteramente ignorado en las iglesias, porque se predican elocuentes sermones sobre el tema y se cantan himnos relacionados, pero con frecuencia el tono es reverentemente apagado. No se supone que las personas tengan que ser animadas. Muchas veces su presencia se debe a memorias de la infancia, o a un sentido de obligación o deber. Aún entre la gente joven que es leal a su iglesia en muchos casos no esperan otra cosa que solemnidad al atravesar las puertas.

Billy Graham declara:

Una de las más desesperadas necesidades entre los jóvenes cristianos es la exuberancia y vitalidad en su lealtad a Cristo. La gente que va a ver el partido de fútbol en la actualidad grita hasta más no poder, o van al circo y celebran después de cada acto. Se entusiasman con todo lo imaginable, pero cuando llegamos a los asuntos espirituales piensan que se supone que nos volvamos sobrios y quietos, y que nos vistamos de negro, y que jamás pasemos un buen tiempo y disfrutemos de un evento religioso.[1]

Ciertamente que una actitud frívola o jocosa es inapropiada al acercarnos a los sagrados misterios de nuestra fe, ni qué decir al Trono de Dios mismo. Un sentido de respeto delante de la gloria *shekinah* es una expresión indispensable de la verdadera adoración. Pero el problema con mucha de la adoración hoy en día no es que la Presencia se vaya, porque donde hay dos o tres reunidos en su nombre, Jesús todavía nos promete estar con nosotros. Con demasiada frecuencia el problema es el *supersantimonioso* "smog" que esparcimos sobre nuestra vida de iglesia, la innecesaria gravedad con la cual nuestro liderazgo protege su dignidad, la postura antinatural que tan fácilmente pasa a ser arrogancia dominante y vanidad.

Cuando visité a C. S. Lewis en Cambridge en 1963 me dijo:

Jesús Ungido de Gozo

"Hay una gran cantidad de falsa reverencia por todos lados. Demasiada solemnidad e intensidad al tratar con los temas sagrados, demasiado hablar en tonos santos."[2] La pérdida trágica en toda esta maestría es para el individuo sentado en el banco, que comienza a sentir que en medio de las ceremonias religiosas no puede llegar al Señor por sí mismo. Recientemente, recibí una carta de una jovencita del este de Virginia, que decía: "Me parece que el tema del gozo está faltando tristemente en las vidas de muchos cristianos, cuando deberíamos ser las personas más gozosas en la faz de la Tierra".

Cuando los cristianos tratan de actuar en forma más santa que el mismo Jesús, la iglesia está en problemas. Jesús fue particularmente duro con los "escribas y fariseos" quienes "para mostrarse hacen largas oraciones" ¡Huyan de la pompa!

Agregue a la mezcla de este aparentemente inacabable protocolo, minucias e irrelevancias, y ate nuestros procedimientos eclesiásticos por medio de nudos, y tendrá la iglesia del tercer milenio. Asistir a muchas de las reuniones de la iglesia de hoy es correr el riesgo de un gran aburrimiento.

Déjeme ir un poco más adelante. Muchos de los autores de nuestros libros cristianos parecen incapaces de comprender lo que significa tener el tipo de gozo interior radiante, rebosante, que Jesús trajo a la Tierra y compartió con sus seguidores. He conocido teólogos profesionales que se sienten desconcertados y perplejos por una demostración de júbilo de un creyente en el Espíritu Santo. Ser hechos libres por Jesucristo, disfrutar del nuevo nacimiento, expresar el gozo del Señor, celebrar el conocimiento de que los pecados de uno han sido perdonados por causa del sacrificio vicario de Cristo que fue a la cruz y dio su sangre por nosotros y nuestra salvación es –según sus palabras– "ser un entusiasta". Para explicar tal comportamiento, compilan tratados acerca del "gozo cúltico", "gozo festivo" y "gozo escatológico".

Pero el gozo lleno de júbilo del nuevo convertido de la actualidad no es en nada diferente del gozo que Jesús obviamente tenía mientras ministraba en Galilea y en otros lugares, el cual compartió con sus discípulos. Este tipo de disfrute no puede ser dividido en compartimentos. Influye completamente la existencia y echa las nubes del desánimo de la incredulidad al mar. Por medio de un milagro de gracia el Espíritu Santo continúa poniéndolo hoy a nuestra disposición. No es mera animación, aunque la diversión y la risa no pueden ser descartados del reino. Lo que Jesús en realidad trajo con Él desde los cielos fue algo más que un nuevo comienzo para la humanidad; fue un deleite claro, burbujeante y sin contaminación en Dios y su creación, su redención, su nueva creación, y su promesa de vida eterna.

Hablo acerca del tipo de gozo divino que existió en el paraíso antes de la invasión del mal; o tal vez, ¿uno nunca fue consciente de que Adán y Eva eran felices? Lea nuevamente el texto. La risa nació en el Jardín del Edén. Elisabeth Elliot nos recuerda que "la obediencia siempre nos dirige finalmente al gozo". El Dr. Ed Wheat, un consejero matrimonial cristiano, escribe:

> "Al poner los principios de La Biblia en práctica, y tal como aprendí a amar verdaderamente a mi esposa, esto se transformó en un placer junto con una responsabilidad. La obediencia tomó los brillantes colores del gozo"[4].

Esto nos describe apropiadamente la verdadera situación que existió en el Edén en el comienzo.

Estaremos examinando los relatos bíblicos, buscando particularmente a las personas que fueron afectadas por el ministerio de Jesús y aquellos que estaban cerca de Él. La razón de esta investigación no es simplemente para agregar algo a la masiva erudición que ya se ha registrado en el campo del Nuevo Testamento. La verdadera razón para nuestro estudio es ver si este gozo del Señor puede ser apropiado hoy, no solamente para los nuevos creyentes en el primer rapto de emoción, sino para todos nosotros que amamos al Señor. ¿Tenemos acceso a el? ¿Después de todo existe hoy en el cristianismo algo que pueda hacer brillar nuestras vidas, que pueda cambiar nuestras penas en gozo, la disonancia en hermosa música y la sequía en algo fructífero? ¿Realmente Jesús trajo algo hermoso del cielo, algo primordial del amanecer de la creación, que nos puede dar completo resplandor de vida que al parecer continúa faltándonos?

Jesús Ungido de Gozo

En su destacado libro *El camino a Pentecostés*, el bien reconocido predicador metodista inglés Samuel Chadwick nos dice que Jesús estaba "en los negocios de mi Padre Celestial",

> cuando en mi búsqueda me crucé con un profeta, escuché un testimonio, y me propuse buscar no sabía bien qué. Tenía que ser una cosa mucho más grande de las que jamás había conocido. Vino junto con la obligación, en una crisis de obediencia. Cuando vino no podría explicar lo que sucedió, pero estaba consciente de cosas inexpresables y llenas de gloria.
> Algunos resultados fueron inmediatos. Vino dentro de mi alma una profunda paz, un gozo lleno de entusiasmo, y un nuevo sentido de poder. Mi mente fue avivada. Cada poder fue vitalizado. Había un nuevo sentido de vitalidad, un nuevo poder para soportar. Las cosas comenzaron a suceder. Fue como cuando el Señor Jesús entró en el barco que con todos los discípulos adentro no había hecho ningún progreso, e "inmediatamente el barco llegó a la tierra". Fue gloriosamente maravilloso.

Y luego señala que dos mil años atrás algo bastante similar sucedió a aquellos que estaban presente en Pentecostés: "Iluminación de mente, seguridad en el corazón, intensidad de amor, totalidad de poder, superabundancia de gozo"

Fue un vívido y auténtico testimonio por un destacado siervo del Señor. Chadwick luego declara que el Espíritu Santo es:

> el Espíritu de Verdad, el Espíritu de Testimonio, el Espíritu de Convicción, el Espíritu de Poder, el Espíritu de Santidad, el Espíritu de Vida, el Espíritu de Adopción, el Espíritu de Ayuda, el Espíritu de Libertad, el Espíritu de Sabiduría, el Espíritu de Revelación, el Espíritu de la Promesa, el Espíritu del Amor, el Espíritu de Mansedumbre, el Espíritu de una Mente Profunda, el Espíritu de Gracia, el Espíritu de Gloria y el Espíritu de Profecía.[5]

"Smog" religioso

¡Grandioso! Pero, ¿el Espíritu de Gozo, no? ¿Por qué no? Lucas nos dice que Jesús vino a Galilea luego de su bautismo lleno del Espíritu y predicaba el reino de Dios. Fue un mensaje de buenas nuevas y gozo. El libro de los Hechos agrega que, durante los días posteriores a Pentecostés, "los discípulos fueron llenos de gozo y del Espíritu Santo"[6]. Estaban pasando un tiempo tan festivo que la gente pensó que estaban borrachos.

Ahora, hagamos un contraste. Tal vez, usted sepa de una iglesia que enfrenta una crisis seria. En este momento, mientras lee esta página, los oficiales de la iglesia se reúnen en una sesión muy grave, intentan tratar con el tema espiritual, moral y financiero que amenaza dividir la congregación. Otros grupos informales se reúnen privadamente en hogares para expresar su rebeldía. Se hacen largos llamados telefónicos. Se desparrama la calumnia. Se preparan peticiones. Hay amenazas de pleitos. Muchos de los miembros han asistido a otras iglesias. Mientras los oficiales de la congregación se reúnen para abordar la situación, ni uno sólo de ellos los acusaría (tal como lo hicieron con los primeros discípulos) de estar borrachos. Son simplemente cristianos formales que tratan de abrirse camino a través de su propio "smog" religioso.

¿Dónde perdimos terreno los asistentes a la iglesia? ¿Cómo nos fuimos tan lejos del gozo del Señor? ¿No les parece extraño que seamos cortados –amputados– de la esperanza misma que nos trajo a la iglesia en primer lugar?

"Peculiares nociones"

> *Le diré que su religión es como papas pequeñas.*
> *Ustedes se mueven todo el tiempo en*
> *un aire de melancólica niebla*
> \> **Artemio Ward**

Jesús tuvo sentido del humor. Ya es hora de que excavemos esta verdad y la examinemos objetivamente. Ha estado enterrada demasiado tiempo en el lodo de la sobriedad religiosa que con tanta frecuencia se toma por reverencia.

Los Evangelios abundan con la evidencia que apunta a la existencia del humor de Jesús. Sus memorables salidas siempre subían a la superficie en los escritos sagrados. ¡Por algo sus seguidores encontraron fácil escribirlas! Describió a los maestros de la ley judía que "colaban el mosquito y se tragaban el camello". Dijo que "era más fácil que un camello pasara por el ojo de una aguja que un hombre rico entrara en el reino de Dios". Describió el cuidado con el cual los líderes religiosos lavaban la parte exterior de la taza antes de tomar en ellas, pero dejaban el interior sucio.

Señaló qué ridículo era reclamar que Él echaba demonios por el poder del jefe de los demonios mismos. Habló de hombres ciegos que

SIETE

trataban de guiar a hombres ciegos, de muertos que enterraban a sus muertos, acerca de cosechar higos de espinos, sobre esconder una lámpara debajo de una mesa. Figurativamente ¡se rió de las personas que estaban prontas a señalar la paja en el ojo ajeno mientras tenían una viga en el propio!

Cuánto buen humor había, suponen ustedes, mientras Jesús llamaba a los niños hacia Él y levantaba a los más pequeños y los ponía sobre sus rodillas. ¿Tenía una charla íntima? ¿Bromas? ¿Risas? ¿Bendición? ¿Alguna de las madres presentes invitó con una torta de pasas? ¿Qué piensan que sucedió cuando sus discípulos trataron de romper aquella fiesta?

Consideren la mujer cananita que se arrodilló ante los pies de Jesús y le imploró que sanara a su hija de una posesión demoníaca.[2] Esta mujer era identificada en todas partes como sirofenicia, pero hoy en día sería llamada árabe. Jesús bajó la mirada hacia donde estaba la mujer, y nuevamente su repuesta fue inesperada. Explicó que su misión básica de parte de Dios era a su propio pueblo Israel. Utilizó una analogía familiar, dijo: *"El pan de los hijos no debería darse a lo perrillos"*. William Barclay sugiere que aquí Jesús hablaba con una sonrisa.[3]

La mujer alzó la mirada a Él y le respondió en la misma manera jocosa: *"Sí, Señor, pero aún los perrillos debajo de la mesa comen las migajas de los hijos"*.

Aunque el texto no lo dice, ¿qué otra cosa podía hacer Jesús que reírse?" Su actitud parece decir "Tú ganas", y luego habló esas maravillosas palabras: "El demonio ha dejado a tu hija".

Si Jesús tuvo sentido de humor, ¿qué nos dice eso acerca de su Padre? La fe cristiana considera a Jesús, el Cristo resucitado, como la segunda persona de la santa trinidad y cocreador con el Padre. William R. Inge fue conocido a los londinenses como "El triste decano de St. Paul", pero estaba en muy buen estado cuando escribió: "Nunca he entendido por qué debería considerarse imposible sobre el Creador suponer que Él tiene sentido del humor"[4].

Más recientemente el amado filósofo cuáquero, D. Elton Trueblood, que nos cambió por la risa en los cielos, escribió: "Si Cristo se rió mucho, como lo muestra la evidencia, y si Él es quien procla-

"Peculiares nociones"

ma ser, no podemos evitar la lógica conclusión de que hay risa y regocijo en el corazón de Dios"[5].

Se han escrito libros acerca la agudeza del Señor. Sus respuestas ingeniosas, su penetrante sentido del absurdo, y su habilidad para ver el lado cómico en las situaciones de aprietos humanos. Aún cuando no hubiera nada de humor involucrado, su diálogo era único en estilo, giro y talento, que revelaba el toque del Maestro.

Es obvio que cualquier sentido de humor que podamos conferir a Jesús era *bueno*. No derivaba del cinismo o la amargura de la vida, sino más bien de natural acercamiento amistoso a la vida. Los alemanes tienen una palabra, *gemutlichkeit* o "buena naturaleza" que parece coincidir con el temperamento de Jesús. Jesús surge de los relatos del Evangelio como una atractiva y amable personalidad, tan diferente de los tipos legalistas que encontraba durante su ministerio.

Mire, por ejemplo, la manera en que convocó a sus discípulos. Visitó a algunos pescadores a las orillas del mar de Galilea y les dijo: *"Síganme"*. Se ve claramente que este no era su primer encuentro con Jesús. El hecho está en que ellos no perdieron tiempo en dejar caer sus redes y seguirlo. Puedo casi escucharlos decirse unos a otros: "¿Y por qué no?" ¿Cuál era el imán que los atraía? ¿Era la apariencia de mando, lo impresionante de su voz de autoridad, la perspectiva tentadora que les mostraba, las pobres condiciones de la industria pesquera, o algún otro factor persuasivo? ¿Qué hizo que Leví el recolector de impuestos dejara su puesto y caja de efectivo para seguir a Jesús? ¿Pensaba que Jesús era un hombre rico? ¿Un vidente con segunda visión? ¿Un ángel de Dios?

Hay una única respuesta: Jesús fue un hombre de tal regocijo de espíritu, tal libertad y apertura y magnetismo en su actitud, que era irresistible. Querían estar cerca de Él, contagiarse su espíritu, hacer lo que hacía por otras personas, y si fuera posible aprender su secreto.

¡Qué pena que Jesús no fue presentado a las generaciones siguientes como Él se presentó a sí mismo: no como una figura, santa, mística, sino como una persona humana y vital! Se nos dice que multitudes de "gente común" lo escuchaban "gozosamente"[7] y mu-

Jesús Ungido de Gozo

chos aceptaban las buenas nuevas del reino que Él predicaba sin darse cuenta quién era Él realmente.

Hoy la mayoría de las representaciones de Jesús lo muestran sombrío e inflexible, o en otros casos triste, sufriente, en agonía mortal, que cuelga de una cruz. Cualquier otra cosa produce disgusto o resentimiento por la ruptura con la tradición. Pero para mí esto es lo triste: la verdadera Persona de nuestro Señor rara vez surge en las representaciones de Él a través de los siglos. La doctrina está allí, seguramente. Los credos y catecismos han hecho un gran esfuerzo para establecer como principio fundamental las verdades bíblicas, pero algunos de nosotros pensamos que no han hecho tan buena tarea con el extraño de Galilea.

Podría decirse que las tropas de cristianos han logrado capturar mejor la esencia personal de Jesús que lo que han hecho los augustos padres de la Iglesia. Las personas comunes sienten algo por debajo, algo atractivo acerca del hombre y su alegre proceder, mientras que los tradicionalistas insisten en enfatizar los elementos beatos y apagar el gozo.

No puedo evitar el creer que Hartemos Ward, el humorista favorito de Abraham Lincoln, reflejaba la mente de Cristo, cuando le dijo a los legalistas de su día: "Les diré que su religión es como papas pequeñas. Ustedes se mueven todo el tiempo en un aire de melancólica neblina, y tratan a la alegre luz del sol de la vida como si fuera un ladrón, sacándola de sus puertas por esas peculiares nociones suyas". A lo que podríamos agregar una palabra humorística de Billy Sunday: "Al ver a algunas personas usted pensaría que lo esencial del cristianismo ortodoxo es tener una cara tan larga que podría comer avena del fondo de un tubo de gas".[6]

Es increíble que con tanta frecuencia en la historia de la iglesia el Jesús real no pueda surgir. El Nuevo Testamento mismo es un documento de grandiosa belleza, vivificado por el gozo, resplandeciente con regocijo, lleno de amor y entusiasmo y enseñanzas sanas para el cuerpo y el alma; sin embargo, para millones de personas durante generaciones y generaciones se mantiene como un libro de tapas negras que les dice a las personas cuán malas son. Yo lo sé. Lo dejé cerrado durante años justamente por esa razón.

"Peculiares nociones"

Pero ¿qué sucede con aquellos que abren sus Biblias y aún así todavía fracasan en encontrar el gozo del Señor? La razón, creo yo, es que no están llenos con el Espíritu Santo de Dios. Y la razón por la que no están llenos con el Espíritu de Dios es que están cargados con otros, espíritus inmundos –es decir, actitudes negativas– y estos espíritus monopolizan todo el tiempo y la energía de los creyentes. ¿Cuáles son ellos? Hostilidad, resentimiento, miedo, antagonismo, amargura, envidia, revancha, arrogancia, egoísmo – la lista sigue y sigue. ¿Cómo puede uno disfrutar de la totalidad del Espíritu, que es Dios, cuando está lleno de todo lo demás?

Ser lleno del Espíritu es estar lleno de amor. Amor es el primer fruto del Espíritu, y el segundo es el gozo. Para sentir el amor de Dios y conocer su gozo, necesitamos volvernos pobres en espíritu. En otras palabras, salir del patio de la basura y cerrar el portón.

Pero ese estado espiritual puede no ser lo que usted piensa. Ser pobre en espíritu significa que nos hemos sacado el celo con tanta frecuencia compuesto de corruptible orgullo humano. Puede que no lo veamos en nosotros mismos, pero otras personas lo ven. Nos ven que nos meneamos como pavos reales, que buscamos atraer la atención. ¡Libérese de eso!, Jesús está diciendo. Crezca. Transfórmese en una persona adulta, madura y operacional.

Como Ireneo declaró en el segundo siglo: "La gloria de Dios es un hombre completamente vivo". Podría haber dicho lo mismo de una mujer – y agregar un signo de exclamación. Pero estar vivo es estar vivo en Dios, ser controlado por Él, no ser una nada piadosa con un halo hecho a mano y una reputación de "religiosos".

"El crecimiento espiritual" es un término al que personalmente le temo, porque he aprendido que una gran parte de ese crecimiento consiste simplemente en apartarse del camino de Dios. Estoy seguro de que Dios no quiere que me desarrolle para ser un gigante espiritual, aún si pudiera. Él desea que me transforme en un pigmeo espiritual así Él puede manejarme. Dios me quiere pobre en espíritu, para poder hacer algo conmigo sin tener que contender con mi siempre presente y querido ego.

Es cuando soltamos la soga que descubrimos que debajo están los brazos eternos. Es cuando no tenemos ninguna voluntad, en lo que concierne a la "carne", que podemos recibir la llenura del Espíritu Santo. Esa es la obra de la cruz en la experiencia cristiana. Como escribió Pablo: *"Tenemos este tesoro en vasijas de barro, para que la excelencia del poder sea de Dios y no de nosotros"*.

¡Oh, el gozo que viene cuando las personas se dan cuenta que no tienen que ser religiosos con Dios, no tienen que ser beatos, no tienen que ser nada o hacer nada con excepción de arrepentirse y creer en las buenas nuevas! Toda la bendición del Padre, el amor de Jesús y el gozo del Espíritu Santo están para que los tomen. De los tales, efectivamente, es el reino de los cielos.

EL SECRETO **ESCONDIDO**

Haciendo "surf" por las escrituras

*Dime qué encuentras en La Biblia,
y te diré lo que eres.*
> Dr. Oskar Pfister

¿Cuál es el propósito de La Biblia? ¿Tuvo un propósito? ¿Por qué fue escrita? Los académicos nos aseguran que no se parece en nada al Corán, la obra de un individuo. En realidad La Biblia es una colección de escritos inspirados acumulados durante un período de 1.500 años.

¿Pero hay un propósito detrás de ella? Sí. Hay. Los cristianos creen que La Biblia fue escrita bajo inspiración divina para arrancar la barrera del pecado de la raza humana y para reconciliarnos con Dios, para que podamos disfrutarlo para siempre. Pablo explica: *"Dios estaba en Cristo reconciliando consigo al mundo, no tomándoles en cuenta a los hombres sus pecados, y nos encargó a nosotros la palabra de la reconciliación"*[1].

La Biblia es la "palabra de reconciliación" escrita del Espíritu Santo. Más aún que eso, Las Escrituras son la carta de amor de Dios a las personas de la Tierra. Durante dos mil años los

OCHO

hombres, mujeres y niños han encontrado que ella es la clave para la vida. Capítulos y versículos, los sustantivos y verbos están puestos de tal manera en la Palabra de Dios que llevan limpieza, sanidad, perdón y salvación a la raza humana. De tal manera que para millones de creyentes La Biblia continúa siendo un regalo de amor a la raza humana, envuelto en la gracia y tierna misericordia de Dios.

El Nuevo Testamento nos dice que *"la ley por medio de Moisés fue dada, pero la gracia y la verdad vinieron por medio de Jesucristo"*[2]. *Gracia* significa que nuestra salvación se realizó por medio del derramamiento de la sangre de nuestro Señor sobre la cruz del Calvario. *Verdad* tiene su culminación en su muerte a nuestro favor y en nuestro lugar, seguida de su resurrección de la tumba. Podría decirse que aquí están los dos más importantes hechos de la vida jamás revelados a la humanidad: a saber, que Jesús murió para llevarse los pecados, y que existe una vida más allá.

Mientras leemos La Biblia descubrimos mucho sobre nosotros mismos. Estamos ubicados sobre este planeta especialmente preparado por un acto de amor personal de Dios, para disfrutar su belleza y fructífera bondad, para cuidarlo y cuidarnos unos a otros, y para vivir nuestras vidas en libertad y abundancia. Charles Spurgeon escribió: "Este precioso mundo nuestro fue una vez un templo glorioso, donde cada uno de sus pilares reflejaban la bondad de Dios, y cada una de sus partes era un símbolo del bien"[3].

Por lo tanto, hubo gozo en la creación; pero luego La Biblia nos dice franca y cándidamente lo que nos sucedió. A través de las tentaciones humanas y las decepciones de los principados y potestades de las tinieblas, el éxtasis del paraíso se perdió para la humanidad. A través de la desobediencia humana despreciamos la bendición divina, la transformamos en una maldición. Esa es la enseñanza de La Biblia.

No hay evasión de los hechos; declaran por sí mismos desde los titulares de los diarios matutinos cada nuevo día. El pecado continúa arrasando a los individuos, llevando a las familias a la confusión y arrojando a las naciones a conflictos mortales. Por lo tanto, el mal permanentemente confunde nuestros más nobles esfuerzos para lograr la justicia, nobleza de carácter y santidad en esta vida. Para prueba solamente necesitamos volvernos y examinar cada tribu, estado y nación sobre la faz de la Tierra, incluyendo la nuestra.

La Biblia nos dice que somos pecadores, y que *"si decimos que no tenemos pecado, nos engañamos a nosotros mismos y la verdad no está en nosotros"*[4]. También nos dice que nuestros pecados fueron todos llevados en el Calvario, y nuestra redención fue pagada por la sangre de Jesús. Sin embargo, aunque la carga de nuestra culpa fue quitada en la cruz y Jesucristo nos cubrió con su bandera de amor, aún permanecemos en los mejores casos especímenes muy imperfectos de lo que Dios tenía en mente. Cuanto más nos acercamos a la Luz, más vemos nuestros defectos.

Hablando personalmente, confieso mis propias transgresiones a Dios diariamente. Algo está faltando obviamente en mi alma mortal. Oro con John Donne:

¿Me perdonarías tú aquellos pecados que hago
Y los silenciarías, y que aún silenciados los deploro?[5]

Pero hay un hecho para recordar: Dios conoce a aquellos que lo aman. Él está consciente del dilema. Él también reconoce nuestro sincero –aunque a veces imperfecto– deseo de hacer su voluntad. Él aceptó y aún acepta nuestra fidelidad. Cuando venimos a Él nuevamente con corazones quebrados y contritos, Él es fiel y justo para perdonarnos y limpiarnos. El cambio moral en el universo que ocurrió cuando nos entregamos a su cuidado no ha cambiado. Aún persiste. Estamos a su cuidado. Él no ha retirado sus manos.

Todo esto se encuentra en La Biblia, y hace que sea el más especial y maravilloso libro en el mundo. Nos invita a gustar su bondad, su leche y miel y su comida sólida. Nos invita a sentir el poder salvador y sanador de Cristo en nuestra mente, cuerpo y espíritu. Pablo dice en su carta a los Filipenses que él no depende de su propia justicia para ganar su camino a la gloria; más bien depende de la justicia *"la cual es de Dios a través de la fe"*. Él no es perfecto, pero prosigue *"al premio del supremo llamamiento de Dios en Cristo Jesús"*[6].

¿Y qué tiene que ver todo esto con el gozo, el tema de nuestro capítulo? Pronto lo sabrán, porque les pido que tomen una muy

Jesús Ungido de Gozo

inusual y divertida tarea. Me gustaría que hiciera un poco de *surfing* por su cuenta a través de La Biblia, en busca del gozo. ¡Qué riqueza de expresiones gozosas! Allí está la clásica declaración de Nehemías: *"El gozo de Jehová es vuestra fuerza"*. Los Salmos están rebosando con alegría ante la bondad de Dios. Isaías, el profeta, resplandece con gozo. Encontrará por lo menos 542 referencias al gozo entre Génesis y Apocalipsis, ¡y por lo menos 105 en los Salmos solamente!

Capítulo tras capítulo, Salmo tras Salmo y Proverbio tras Proverbio de este antiguo pero tan moderno Libro, encontrará perlas y zafiros que lo llenarán con alegría de corazón. Por ejemplo:

El corazón alegre hermosea el rostro;
El corazón alegre constituye buen remedio;
El hombre se alegra con la respuesta de su boca;
Porque al hombre que le agrada, Dios le da
sabiduría, ciencia y gozo;
Porque el Reino de Dios no es comida ni bebida, sino
justicia, paz y gozo en el Espíritu Santo.[7]

La lista sigue y sigue.

Aquí hay un ejemplo excelente del gozo que contiene La Biblia. Es un pasaje mesiánico en el libro del profeta Isaías. Nuestro Señor mismo lo citó durante su regreso al hogar en Nazaret:

El Espíritu de Jehová el Señor está sobre mí,
porque me ungió Jehová; me ha enviado a
predicar buenas nuevas a los abatidos,
a vendar a los quebrantados de corazón,
a publicar libertad a los cautivos, y a los
presos apertura de la cárcel;
a proclamar el año de la buena voluntad
de Jehová, y el día de la venganza del
Dios nuestro; a consolar a todos los
enlutados;
a ordenar que a los afligidos de Sión se les
dé gloria en lugar de ceniza,

> *óleo de gozo en lugar de luto, manto de
> alegría en lugar de espíritu angustiado;
> y serán llamados árboles de justicia,
> plantío de Jehová, para gloria suya.*[8]

En cuanto al Nuevo Testamento, deslumbra con el gozo del Señor. Encontrará a personas riendo, dando saltos, brincando, gritando, cantando, danzando, tocando instrumentos, celebrando. Hubo gozo en la resurrección de Jesús y gozo en su ascensión. Todo lo que Pablo hizo parece haberlo hecho con gozo. Entonces, ¿por qué no lo encontramos enfatizado en la liturgia y literatura cristiana, en lugar de lo opuesto?

James S. Stewart, mi amado maestro de la Universidad de Edimburgo, dijo: "No se dejen desanimar por estas melancólicas caricaturas de la cristiandad. ¡Por amor de Dios no juzgue a Jesús el Rey del gozo, por ellos! Prueben lo verdadero, no esa miserable parodia de la realidad. Háganse amigos de Jesús, párense donde Pedro, Juan y Andrés lo hicieron y miren a sus ojos, escuchen la música de su voz, respondan a sus desafíos, levántense y síganlo".[9]

¿Cuál es el propósito último de La Biblia? ¿Traernos estímulos y deleites para usted y para mí? No. Es traernos de regreso a Dios. Aquel que nos hizo y quiere que estemos de nuevo en compañerismo con Él tiene algo en mente para que nosotros hagamos. La Biblia es una carta de amor al mundo entero, pero comienza con aquella persona que la abre y la lee. Es el mensaje del Padre suplicando por sus hijos. No es alguna extraña vibración fuera del cosmos, ni es una destilación mística del zodíaco. Él da a entender: "Vuelve a casa, hijo, vuelve a casa, hija". Y finaliza con la promesa del Espíritu Santo que estará con nosotros, nunca se irá en los terrenos difíciles y nos llevará en el recorrido hasta el final, al Padre amante que nos hizo y a Jesús que nos salvó.

Aquí es cuando entra el gozo. Esa fiesta de bienvenida será acompañada con un gozo tan exquisito en riquezas que nada en la Tierra o en el cielo puede compararse con ello. *"Porque de tal manera amó Dios al mundo que ha dado a su hijo unigénito, para que todo aquel que en él cree no se pierda, más tenga vida eterna"*[10].

Aguas de reposo

Un libro de versos debajo de las ramas,
una jarra de vino, un trozo de pan, y tú…

He aquí, señoras y señores, una clásica expresión del ensueño mundano, un retrato de la dicha alcohólica de un poeta persa, astrónomo y matemático que murió hace cerca de mil años atrás. Su nombre fue Omar Khayyam, y sus diestros y satíricos versos (presentados en cuartetas por el inglés Edward Fitz Gerald) resumía lo que él pensaba que era lo mejor de una penosa vida, en una penosa Tierra. Lo "mejor" era el grano de los campos que satisfacía, el estímulo de la uva, y la sensual satisfacción de una atractiva compañía femenina. En cuanto al "libro de versos", fue solamente para perder el tiempo. Los poemas podrían pertenecer a cualquier persona – aún a Omar.

Desde que Omar murió en 1129 d.C. otro milenio ha pasado, y en un sentido nada ha cambiado. La cultura americana de hoy, al haberse virtualmente "emancipado" de sus raíces cristianas, encuentra que en su *Rubaiyat,* Omar lo ha dicho todo, contemporánea y encantadoramen-

NUEVE

te. Lo llamó "una jarra de vino, un trozo de pan, y tú", que al interpretarse es comida, bebida, sexo. Hoy en día sería una botella de vodka, una hamburguesa con fritas y una película prohibida. No hay dudas que Omar se hubiera adaptado rápidamente ante tal invitación en perspectiva en nuestra nueva cultura del tercer milenio.

Toda esta cursi mundanalidad está a millones de kilómetros de lo que Jesús quiso decir por "mi gozo", que es "más profundo que pozo de miel, dentro de la más profunda flor de junio". El gozo de Jesús se deriva en toda su calidez y ebullición de su Padre, el *Shaddai*, el Señor Dios Todopoderoso, el Dios de Abraham, Isaac y Jacob, el Dios del universo y nuestro Dios.

A menos que entendamos el carácter verdadero, original de Dios, nunca podremos sentir totalmente, entendamos de una vez, el gozo de su salvación. Podemos aceptar La Biblia como verdad, podemos comprometernos formalmente a creer en Dios, como muchos lo hacen, sin realmente darnos cuenta que Él desea no solamente que creamos en Él y lo adoremos, pero que disfrutemos de Él íntimamente como un niño disfruta con su padre. Dios no creó a la raza humana para transformarse en su juez; más bien la creó para transformarse en su Padre. Él desea que seamos su propia familia, para su interés personal y deleite.

Así fue como comenzó todo. Dios no inventó el asesinato, inventó la bondad. No inventó la crueldad, inventó la gentileza. Él nos dio caras, no para amenazar y morder, sino para saludarnos unos a otros con sonrisas de amistad y abrazos de amor. Él nos dio voces, no para maldecir y gritarnos unos a otros, sino para hablar honesta y compasivamente como lo hizo nuestro Salvador. Él nos dio manos, no para trompear y estrangularnos unos a otros, sino para saludar y acariciar y ayudarnos unos a otros. Nos dio pies, no para patearnos, sino para caminar en amor y compañerismo unos con otros.

En otras palabras, Dios nos diseñó específicamente para amarlo y amarnos unos a otros, y funcionar en ese amor. Lo que La Biblia dice acerca de la ira y el juicio no está de ninguna manera basado en los hechos de Dios, sino en la reacción de Dios a *nuestros* hechos. Cuando violamos sus mandamientos, podemos esperar consecuencias.

Aguas de reposo

¿Por qué los artistas cristianos siempre representan a Dios con una expresión dura? ¿Por qué Miguel Ángel pintó a Dios con el ceño fruncido? Déjeme replantearle la pregunta: ¿usted piensa que Dios tiene una sonrisa en su rostro? En ninguna parte, en ninguna de las versiones inglesas de La Biblia hay referencias de un Dios que sonríe. ¿En ninguna parte? Espere, hay una: La Biblia Moffatt, traducida de los idiomas originales en los comienzos del siglo XX por el académico escocés James Moffatt (1870-1944). Contiene no menos de ocho versículos separados del Antiguo Testamento en los cuales Dios sonríe. Aquí hay algunos de ellos:

Sonríe sobre tu siervo; sálvame por tu misericordia.
Cuán precioso es tu amor, oh Dios… en tu sonrisa
tenemos la luz de la vida.
Dios tenga misericordia de nosotros y nos bendiga;
que pueda sonreír sobre nosotros;
oh Dios, bendícenos con tu favor,
sonríe sobre nosotros, y seremos salvos.
Sonríe sobre tu siervo,
y enséñame tus estatutos.[2]

Lo que el Dr. Moffatt hizo fue tomar las varias referencias al "rostro resplandeciendo" de Dios de la versión King James de La Biblia y los transformó en sonrisas. ¿Y por qué no?

Cuando Jesús se paró sobre el Monte de la Transfiguración, el relato en Mateo declara que su rostro *"resplandecía como el sol"*[3] ¿Podría ser que también estuviera sonriendo?

Pensar sobre Dios sonriendo nos hace darnos cuenta que el gozo del Señor, motivo de este libro, nunca puede ser completamente expresado en palabras. Lo máximo que pueden hacer las palabras es crear una metáfora y llevar una idea al lector.

Vayamos ahora al Salmo favorito de todos, el 23, y examinemos la frase *"Junto a aguas de reposo me pastoreará, confortará mi alma"*[4]. Imagínese en su mente una invitadora piscina, honda, alimentada por un arroyo, no lejos del camino de la vida donde todos nosotros viajamos.

Jesús Ungido de Gozo

Jesús la trajo aquí. No es una pileta terapéutica como tal, aunque restaurará su alma. No es una pileta bautismal, aunque el bautismo, por supuesto, está a disposición. No tiene la intención de ser un rito sagrado de purificación o lustrado, tal como en algunos mecanismos religiosos. No es ni siquiera un lugar de refugio o consolación con efectos soporíferos.

Es simplemente un fundamento de puro gozo, y mientras bebe de ella y nada y se salpica, encontrará las "aguas de reposo" que son un lugar de deleites sin paralelos.

Este cuerpo de agua se acerca al secreto que Gilbert Chesterton sintió que era parte de la persona de Jesús mientras estuvo en la Tierra – una cualidad enigmática que pensaba que era el regocijo, pero que yo sugiero que es algo más profundo. Su resplandor quieto es tan delicioso que hará temblar el alma con gozo. Porque cuando el creyente se baña en ella, encontrará el encanto de la vida en su simplicidad, bastante alejado de los embellecimientos y drogas que al mundo le gustaría introducir.

Los frondosos árboles y flores que bordean la pileta, las hojas y pétalos que se mueven en una fresca brisa, parecen augurar algo como un paraíso más allá de este planeta. Es lo que muchos buscan y pocos encuentran, el éxtasis de gustar y conocer a Jesús. En las aguas de reposo del Salmo 23 nosotros, como parte de su rebaño, sentimos la presencia de Dios, el Dios de amor, fe y esperanza, que nos sonríe. La bondad y misericordia están en todas partes. La sentimos, la escuchamos, la probamos en el aire y el agua. Es verdaderamente un tiempo de restaurar almas. Nuestras sensibilidades nos dicen que todo está bien con Dios y nosotros, y nuestra primera reacción es decir "¡gloria!"

Sin embargo, la pileta está rodeada por arbustos impasibles, manzanillas, y enredaderas. El camino a ella desde la ruta principal es secreto y angosto. En realidad, el paso en sí es la palabra clave que nos lleva en forma segura a través de la vegetación que la rodea. La palabra es "Jesús" un nombre que ofende a muchos. Sin embargo, es uno que, cuando la mente y el corazón del creyente lo acepta, rápidamente lo lleva a pasar todos los obstáculos hacia el borde quieto de las aguas de reposo.

Aguas de reposo

Al buscar la pileta, muchos viajeros pierden su camino, porque hay muchos senderos. Con frecuencia es porque no pueden aceptar algo difícil en el Nuevo Testamento, o están abrumados por las advertencias del Antiguo Testamento. Siguen las señales que prometen atajos, una manera más fácil a través de los gruesos arbustos, un paso que no requiere fe, o arrepentimiento o redención con sangre por el pecado.

Así que, muchas personas dejan el camino para dar vueltas a través del denso terreno, algunos con desconcierto, y otros decididos y confiados.

Muchos se entrenan para estar casi satisfechos con poco, así que, vuelven atrás por los mismos pasos hacia el camino y se rinden para poder encontrar la costa de la pileta del gozo de Dios. Encuentras a esas personas en varios puntos de parada. Sienten que han hecho sus ajustes. Escriben libros sobre sus logros, porque consideran que han sido victoriosos en sus luchas de la vida; pero les falta la quinta esencia del elixir. Fueron atrapados en la espesura y se rindieron sin encontrar el camino a la pileta. Con bastante naturalidad concluyen que no hay pileta; pero, sí, hay. Es una maravillosa parte del viaje.

Este libro no lo llevará a la pileta. Únicamente la Palabra de Dios (el agua viviente) puede hacer eso, en el poder de su Espíritu. Pero tal vez –sólo tal vez– mientras usted lee estas páginas se encontrará inclinado a pedir en el nombre de Jesús que Él lo lleve a esa deleitosa, refrescante piscina. Con Jesús es fácil encontrar las aguas de reposo donde el Pastor restaura el alma. Luego, sabrá qué es el gozo –sobrecogedor, emocionante, triunfante gozo– porque lo tendrá. Usted mismo poseerá lo que el rey Arturo de los Caballeros de la Mesa Redonda cantaban sobre el casamiento real en el libro de Tennyson *Idilios del Rey:*

El rey seguirá a Cristo, y nosotros al rey
en el cual el alto Dios ha soplado una cosa secreta.[5]

Cuando Cristo se forma en usted, la "cosa secreta" será suya para siempre, y usted revivirá, y lo seguirá a Él, y conocerá la paz

Jesús Ungido de Gozo

profunda, y escuchará la risa contagiosa de los ángeles.

Escuche nuevamente a esta Escritura:

"Jehová está en medio de ti,
poderoso, él salvará; se gozará
sobre ti con alegría, callará de amor,
se regocijará sobre ti con cánticos".[6]

¡Imagínese! Sofonías el profeta muestra a Dios cantando sobre un pecador que ha salido de la oscuridad a la luz de la vida, hacia el gozo de la salvación eterna con su perdón y bálsamo sanador.

Este libro tratará de decirle algo acerca del inexpresable gozo del amor de Dios. También le dirá más sobre Jesús, quién es Él y lo que puede hacer por usted. Le contará algunas historia de lo que ha hecho por otros. Y ahora, porque el mundo entero tiene interés en los Juegos Olímpicos que entran en su apogeo cada cuatro años, el próximo capítulo ilustrará cómo el gozo del Señor capturó no sólo una ciudad, sino un condado completo en la parte occidental del Estado de Wisconsin.

Oro sin mancha

El gozo es el eco de la vida de Dios adentro de nosotros.
> **Joseph Marmion**

En las palabras de Ben Peterson, la diminuta ciudad de Comstock, Wisconsin, con una población de aproximadamente 80, se "volvió loca". Dos de sus hombres jóvenes, John y Ben Peterson, de 24 y 22 años, habían competido en las vigésima olimpíada, en Alemania, en 1972, y volvieron a casa con una medalla de plata y de oro respectivamente. Eran cristianos.

En Chicago vi cuando el general Douglas MacArthur fue honrado con un desfile al volver al hogar de las guerras en el Oriente, en 1951. En Washington D.C. vi cómo el Presidente Eisenhower fue recibido a su regreso de un triste encuentro en 1960 con Khrushchev y los soviéticos en París. En San Diego vi cuando algunos de los rehenes civiles fueron recibidos de regreso de Irán, en 1981, con helicópteros y un montón de cintas amarillas, luego de pasar 444 días en una prisión en Teherán.

Pero nunca fui testigo de tal explosión de calidez, de puro gozo y ebullición entre la gente

Jesús Ungido de Gozo

americana como cuando John y Ben Peterson regresaron a Comstock.[1] Lo vi como un anticipo de lo que cada amante de Jesucristo recibirá cuando sea guiado a través de los portales adornados de piedras preciosas de los cielos.

John había ganado la medalla de plata en los Juegos Olímpicos por ubicarse segundo en la lucha de estilo libre, de 100 kilos de peso, al vencer a Hors Stottmeister, de Alemania Oriental. Su hermano Ben fue premiado con la medalla de oro por ganar la competencia de lucha libre, de los 120 kilos, al vencer a Roussi Petrov, de Bulgaria.

Cuando la noticia voló a través del Atlántico hasta el campo en Wisconsin, de que el Condado de Barron tenía dos nuevos campeones mundiales, la ciudadanía reaccionó con asombro y deleite; entonces, rápidamente entraron en acción. Los vecinos y compañeros miembros de la iglesia se unieron en motos para llevar a los sonrientes atletas a través de las cuatro ciudades cercanas que los vitoreaban enloquecidas (Clear Lake, Turtle Lake, Cumberland y Comstock).

Como no tenían ningún lugar apropiado para reunirse a celebrar, los ciudadanos de Comstock cortaron y apilaron el heno en el campo de alfalfa del granjero Stanley Jurgenson, y lo guardaron. En medio del campo pusieron una carpa y levantaron una plataforma con luces con sistema de sonido. Todos estaban invitados a la celebración, y coches y micros pronto llegaron de los condados vecinos, y desde Saint Paul y Minneapolis, Minnesota.

Cuatro mil personas se reunieron en el Campo de Jurgenson para una tarde de celebración y gozo. El Gobernador de Wisconsin, el honorable Patrick J. Lucey, estaba allí, una chica del colegio secundario cantó, la banda del colegió tocó, y el entrenador de lucha de la escuela tuvo unas palabras. El director regional de la Comunidad de Atletas Cristianos le dijo a la multitud: "Las medallas de plata y oro se mancharán, pero La Biblia dice que cuando seguimos a Jesucristo se nos da un premio que nunca se desvanecerá".

Fue prácticamente un servicio evangelístico. Los dos campeones que regresaban hablaron a la multitud, y cada uno dio un reconocimiento cálido a Dios, a Jesucristo, a sus padres, a la iglesia y a los amigos. Su padre, Paul Peterson, dijo: "Agradezco a Dios por darnos nuestros muchachos a Esther y a mí, y por el privilegio de dirigirlos al Salvador". Su pastor, Donald Toney, dijo: "¡Cómo agradezco a Dios por personas como estas!" Su madre, hermana y tres otros hermanos estaban también presentes sobre la plataforma.

Recapturo esta gozosa escena para usted porque, como dije, es una verdadera parábola de alguien que viene a Jesucristo. ¿Comstock "se volvió loca" por la victoria olímpica de dos de los muchachos de su ciudad? Perdónenme la expresión pero, de acuerdo al capítulo quince de Lucas los ángeles también "se vuelven locos" cuando un pecador se arrepiente y viene a Dios. ¿Qué nos impide a nosotros (que no somos ángeles) hacer lo mismo hoy? ¡Dejemos que las campanas de la iglesia suenen con el gozo de la salvación!

Pablo una vez utilizó la competencia atlética de los antiguos Juegos Olímpicos de Grecia para describir la vida cristiana: *"Todo el que compite entra en estricto entrenamiento"*, escribió, *"todos a la verdad corren, pero uno sólo se lleva el premio"*[2]. Como editor de la revista *Decisión* fui invitado a Comstock para dar la bienvenida a los hermanos Peterson, y aprendí algo acerca del tipo de jóvenes cristianos que el Estado de Wisconsin produce, y también acerca del premio que La Biblia llama salvación.

John y Ben Peterson estaban lejos de ser campeones cuando fueron a Munich. Fueron como luchadores desconocidos. Al hablar a la multitud en la celebración, Ben contó cómo le faltaba confianza antes de venir a la fe en Cristo. Nosotros como cristianos estábamos lejos de ser campeones antes de confesar nuestra fe en Cristo. Éramos participantes desconocidos y, como ahora nos damos cuenta, perdedores. Cuando los Peterson llegaron a Munich ni uno de ellos pensaba que ganaría, pero Dios lo sabía. John le dijo a la multitud en el campo de Jurgensen: "No fui a Munich para ganar una medalla, fui para decirles a los otros atletas acerca de Jesús". Dios honró tal confianza con victoria, y las personas en Wisconsin lo reconocieron. Vieron que había más en estos dos jóvenes hombres que un par de medallas por competir en la lucha.

Los Peterson enfrentaron una competencia dura en su actuación en los Juegos Olímpicos – la más dura del mundo. Hoy, cuando una persona decide buscar a Dios, la competencia dura viene mayormente de uno mismo. Es difícil enfrentar la verdad de que todos somos pecadores. Es duro mirarnos a nosotros mismos y admitir que nuestras fallas y defectos son síntomas de algo más profundo: que estamos viviendo sin Dios. Aún cuando el éxito material nos venga, es un privilegio mezclado, porque siempre estamos insatisfechos y queremos más. La vida parece ofrecer un tentador, pero imposible sueño.

Encuentro a muchos de mis pares casi al final de sus días quietamente desanimados, preguntándose cómo perdieron. No hubo plataforma de ceremonias para ellos. En sus reflexiones tratan de ver qué fue lo que hicieron mal para fracasar en hacer realidad sus esperanzas. No es frecuente que concluyan que su problema ha sido su propio pecado. Cuando el Espíritu Santo comienza una obra en nuestras vidas, la primera cosa que descubrimos es nuestra necesidad de arrepentirnos. Aprendemos que nada realmente da resultado con un pecador. Una persona puede ganar cien medallas, o arrinconar el mercado de oro, o transformarse en el rey del mundo entero, pero Dios hará que esas esperanzas se desvanezcan en el olvido y entonces el gozo se convierte al final en frustración y desaliento. Esa es la paga del pecado en este mundo; o como dice la gente, *así es la vida*.

No hay límite a la devastación que el pecado puede crear. Escuchamos cosas terribles que suceden hoy, pero en el capítulo 28 del libro de Deuteronomio Dios habla de la advertencia de una posible maldición tan horrible que aún hoy, en el medio ambiente tan desgastado, resulta estremecedor.

Como pecadores encontramos extremadamente difícil aceptar lo que Jesús ofrece, aún cuando nada más nos haya resultado. Por esa razón, es que con tanta frecuencia cuando venimos a Él lo hacemos con lágrimas, en desesperación, luchamos con nosotros mismos y perdemos.

Pero luego, cuando confesamos nuestro pecado y le pedimos a Jesús que nos ayude a salir, Él nos toca y dice: "Anímate, tus pecados te son perdonados, pues tu fe te ha hecho libre, bienvenido al Reino de Dios". ¡Sí! ¡Nosotros! ¿Puede alguien creerlo? Para nuestro asombro, Jesús nos invita como si fuera al podio, nos da una medalla de oro y dice una palabra: "¡Gozo!"

Aturdidos y llorando, nos vamos, incapaces de aceptar o aún entender lo que ha sucedido. Estamos demasiado conscientes de nuestra falta de valor. Es duro para un pecador aceptar la gracia de Dios cuando sabe que no la merece. Después de todo, no hemos hecho nada – sólo arrepentirnos. Nos parece que la medalla de Jesús debería haber sido entregada a algún otro.

Entonces, como estos dos luchadores de Wisconsin, volvemos a casa para encontrarnos con cristianos que nos saludan, sacuden estandartes, tocan bocinas, nos dan la bienvenida y celebran con gritos, risas y un gran desfile. Entonces la congregación resuena con un aplauso, y hay bandas que tocan, y cantan, y discursos, y la predicación del Evangelio. Los ángeles se asoman por las balaustradas del cielo y gritan: "¡Gloria a Dios, gozo, gozo!" *¡Ese es el gozo de la salvación!*

¿En su iglesia está pasando esta fiesta? Si no, ¿por qué no hacer que suceda? ¡Ore! ¡Llame a reunión! ¡Transforme un bautismo en un festival! Así es cómo se ubica el gozo del Señor en la vida cristiana. El gozo no es la meta, el reino es la meta. El gozo no es la bendición, el amor es la bendición. Pero luego de la transformación del alma humana, el gozo viene como un regalo extra del cielo y un fruto del Espíritu Santo.

¿Cómo sé que es verdad? Porque está en la Palabra de Dios; Jesús dice: *"Estas cosas os he hablado para que mi gozo esté en vosotros, y vuestro gozo sea cumplido"*[3]. Y lo sé por otra razón – me sucedió a mí.

BUENOS TIEMPOS, MALOS TIEMPOS

La voluntad se mueve a través del deseo

Paul Claudel, el poeta francés dijo, después de escuchar la quinta sinfonía de Beethoven, que sabía ahora que en el corazón del universo había gozo.
> **Gerald Kennedy**

"Venga tu reino. Hágase tu voluntad..."

Hace años, en 1930, 1940 y 1950, todos sabían que esas palabras formaban parte de la oración del Señor, el Padrenuestro. Eran recitadas diariamente en las escuelas públicas y las reuniones de graduación y cívicas, y en los domingos en las iglesias. Hoy muchas personas consideran esas viejas palabras como algo arcaico, así que, adoptemos el vocabulario actual.

"*Hágase tu voluntad.*" ¿Qué quiere decir esto? ¿Y qué tiene que ver con el gozo, tema de este libro?

Mire la palabra *voluntad*. La palabra original en el texto griego es *thelema*, y algunas veces se traduce "placer", como en Apocalipsis 4:11, versión King James. Una palabra similar, *thelesis* (traducida "voluntad") aparece en Hebreos 2:4. En la Septuaginta la misma palabra *thelesis* quiere decir "buen gusto", "deleite" y aún "dulzura".

A esta altura puede parecer que hay diferentes significados de la palabra "voluntad". Al considerar el tema de la voluntad de Dios se requiere más estudio.

Stephen Vincent Benet escribió una descripción poética del presidente Abraham Lincoln, cuando luchaba con el tema de la voluntad de Dios durante la guerra civil, luego de que algunos hombres religiosos lo visitaron en la oficina oval. Esta es la manera en que Benet se imaginó la reacción de Lincoln a esa visita:

> Vienen a mí y me hablan sobre la voluntad de Dios…
> día tras día…
> …todos ellos están seguros que conocen la voluntad de Dios.
> Soy el único hombre que no la sabe.
> Y sin embargo, si es probable que Dios debería, y lo hace tan claramente, declarar su voluntad a otros, sobre un punto de mi propia tarea, podría pensarse que me la revelaría a mí directamente, muy especialmente porque deseo con tanta intensidad saber su voluntad[2].

Eso suena como el honesto Abraham. ¿Cuántos errores han cometido los cristianos que se imaginan haber entendido la voluntad de Dios y saber exactamente lo que Dios deseaba que ellos (y otros) hicieran?

En el año 1095 d.C., el papa Urbano II lanzó una cruzada para "rescatar la Santa Ciudad de Jerusalén" de manos de los musulmanes o, como se les llamaba, "los infieles". Le dijo a una enorme multitud reunida en un sínodo en Clermont, Francia: *"¡Deus vult!"* "¡Es la voluntad de Dios!" La multitud rugió en aprobación, *"Deus vult!"* Pero el Papa no podría haber estado más equivocado. Cientos de miles de ciudadanos europeos y turcos perdieron sus vidas como resultado en una causa totalmente perdida. Los musulmanes sobrevivieron a cuatro de tales cruzadas y siguieron reteniendo la Ciudad Santa. El resultado final: han odiado a los cristianos desde entonces.

Ese sabio y valioso cristiano, John Wesley, estaba convencido de que podía discernir la voluntad de Dios por "echar suertes", como se hizo ocasionalmente en Las Escrituras. Wesley se equivocaba. Si se

La voluntad se mueve a través del deseo

le hubiera escuchado, las colonias americanas nunca habrían conocido el "Gran Avivamiento" bajo la predicación de George Whitefield. Miles de hombres, mujeres y niños, desde Georgia a Nueva Inglaterra fueron salvos. Wesley le informó a Whitefield que había "echado suertes" sobre él y le dijo que no debía dejar Inglaterra e ir a América. Pero Whitefield calladamente lo ignoró y de todas maneras partió desde Londres a Savannah, ¡alabado sea Dios!

Luego que un nuevo creyente viene a Cristo, él o ella probablemente comiencen a pensar:

"Me pregunto: ¿cuál será la voluntad de Dios para mi vida?" Esta es una interrogación complicada, porque las personas que quieren asegurarse la toman como "los actos de Dios", y otros simplemente piensan que "lo que sucede" es la voluntad de Dios. Pero Dios es más que "destino", y su voluntad más que *"que será, será"*. Un excelente académico de Nueva Inglaterra, Timothy Dwight, cierta vez dijo: "Decir que Dios desea algo porque Él lo desea es hablar sin razón"[3]. Si yo descuidadamente tiro mi auitomóvil hacia el lado contrario de la carretera y choco con otro, esa escasamente puede ser la voluntad de Dios. No llamemos fatalismo a lo que meramente es imprudencia criminal.

Parece claro que la palabra "voluntad" significa en La Biblia más que simplemente "intención", o "propósito" o "noción". Jesús puso un fuerte énfasis en "*hacer* la voluntad de mi Padre". En las Escuelas Dominicales la interpretación tradicional de la voluntad de Dios siempre ha sido moral, como una "obligación". Esto aún deja confuso el significado de la palabra "voluntad". ¿Cómo lo podríamos aplicar a los dones de Dios?

Aristóteles dijo una vez: *"La voluntad se mueve por el deseo"*. Ese pensamiento tiene su valor. "Voluntad" es una palabra mucho más fuerte que "propósito" o "intención". Cuando una esposa le dice al ministro *"¡Lo haré!"*, en respuesta a su pregunta, lleva consigo un sonido enfático que no tiene que ver con "tengo la intención". Tal vez lo que está diciendo, con toda la urgencia de su amor, es *"¡deseo hacerlo!"*

Apliquemos la declaración de Aristóteles al versículo en la Oración del Señor con el que comenzamos: *"Hágase tu voluntad"*.

Jesús Ungido de Gozo

Ahora podemos leerlo "Tu deseo sea hecho". En lugar de entrar en interminables discusiones filosóficas y teológicas sobre la naturaleza e interpretación de la voluntad de Dios, simplemente preguntémonos: "¿cuál es el deseo de Dios?".

La primera cosa que nos damos cuenta es que cualquiera que sea el deseo de Dios sobre la Tierra, es (de acuerdo a Jesús) el mismo que en los cielos. Y los cielos, de acuerdo con La Biblia, es un lugar de gozo eterno.

¿Necesitamos decir más?

Debemos recordar que nuestro Padre Celestial es un Dios de amor y que no es ni inflexible ni arbitrario. Millones de cristianos testificarán que Dios ciertamente les responde la oración. Miremos nuevamente ese versículo en Apocalipsis 4:11. En la NVI se lee: *"Creaste todas las cosas, y por tu voluntad fueron creadas y tienen su ser"*. Aquí las palabras "tu placer" en la Versión King James fueron cambiadas en la NVI por "tu voluntad". ¿Cuál es la correcta?

¡Las dos! Lo que es nuestra voluntad (lo que deseamos) es lo que nos da placer. Todos saben eso. Algunos lo llaman gozo. Otros, alegría, placer o diversión. Siempre ha sido la finalidad de la raza humana.

Si el gozo es lo que Dios desea para nosotros, ¿qué nos dice eso de Dios? Nos dice que Él es un Dios de amor. No está interesado en hacernos sufrir. No quiere que pasemos nuestras vidas tratando de sobrevivir bajo condiciones cercanas a la esclavitud, o perdiendo nuestros talentos exprimiendo el dinero de las manos de otras personas produciendo cosas inútiles. Es obvio que Dios nos creó para que Él pudiera disfrutarnos, y eso levanta una pregunta crucial: ¿Nuestras vidas le están agradando?

Dios nos dio canciones, sonrisas y risa. Nos dio el don del amor, de modo que nos ayudáramos unos a otros. Nos dio la luz del sol y la lluvia y las cosas hermosas que crecen. Creo que Él inclinó la órbita de nuestro planeta en un ángulo de 23 grados del ecuador para que pudiéramos disfrutar del verano e invierno, primavera y otoño.

Ahora, ¿qué es lo que realmente deseamos en la vida? Podemos mencionar trabajos y casas, y coches y botes, y esposas y niños, y en-

La voluntad se mueve a través del deseo

tradas fijas. Podemos considerar salud y seguridad, y derechos, y cientos de otras cosas. Podemos pensar sobre la fama y notoriedad, y aventura y logros, y guardarropas y joyas, y viajes... y sin embargo, todas estas permanecen fuera del corazón de lo que realmente deseamos.

Lo que todos deseamos es el amor y el gozo que traen estas cosas.

Pero aquí es donde los verdaderos cristianos difieren de otros: es más que simplemente gozo humano lo que estamos buscando: *deseamos el secreto del amor y el gozo de Dios*. Y aún esto debe ser visto con cuidado, porque finalmente, como C. S. Lewis dijo una vez, no es tanto el *gozo del Señor* lo que buscamos, sino al *Señor del gozo* en sí mismo.[4]

En cuanto a mí, ¡yo deseo a Dios! Quiero ver los adornos del cielo, experimentar el completo éxtasis de la liberación de los pecados en la cruz de Jesucristo, sentir el alborozo de la victoria sobre el diablo y toda su heterogénea banda. No es suficiente escuchar de las cosas maravillosas que Dios ha hecho por otra persona. Ciertamente disfruto al escucharlas, pero también deseo eso mismo para mí. Deseo ser lleno con el Espíritu, cantar y danzar de gozo, unirme con los santos en los atrios del cielo cuando pasan por el trono, y cantar una canción de triunfo con ellos. Deseo expresar mi amor por nuestro maravilloso Señor aquí mismo en la Tierra, y realmente no sé hacerlo demasiado bien. Pero, ahora veo finalmente que esa es la voluntad de Dios para mí. Como Pablo, aún no he llegado, pero por lo menos es apasionante estudiar el mapa del camino.

¿Y usted?

Cuando se sienta calladamente en la iglesia y adora a Dios (o piensa en el partido de fútbol que ya comenzó), ¿tiene alguna idea de cuánto lo ama Dios? ¿Es consciente de la fuerza que hay en el gozo radiante del Señor? Es como ninguna otra cosa sobre la faz de la Tierra.

Oh, sí, el pecado también es poderoso. El diablo vino a la Tierra y trajo su bagaje diabólico de miseria, brutalidad y desesperación. Pero ese no era el guión original para la creación. No me pregunte los detalles en este punto, pero déle gracias a Dios de que amó tanto al mundo que envió a cancelar el pecado y rescatarnos.

89

Jesús Ungido de Gozo

Jesús vino a nosotros en una misión de misericordia con la promesa de la vida que es realmente vivir. Fue a la cruz por el gozo que estaba delante de Él, de acuerdo a Hebreos 12:2, y ahora disfruta de los deleites del cielo.

¿Cuál es entonces la voluntad de Dios? ¡Que deseemos a Dios! No desee felicidad, porque su poder para quedarse es débil. Ni siquiera desee el gozo por sí mismo, sino que *desee a Aquel que es el gozo*. Tenga deseos de Él, extráñelo, anhélelo. Cuando lo haya encontrado, deléitese en Él y Él le dará las peticiones de su corazón.

Esa es la voluntad de Dios para nosotros sobre la Tierra, como en el cielo.

No se la pierda.

Cuando Dios grita

> Es mejor gritar que dudar,
> es mejor levantarse que caer,
> mejor dejar ir la gloria,
> que no tener ninguna.
> > **Joven estudiante voluntario,**
> > Inglaterra.

En 80 años nunca he escuchado una palabra de comentario acerca de los gritos en La Biblia. Gritar no es normalmente una parte de la adoración contemporánea. De hecho, es considerado fuera de lugar en la iglesia, y en una sociedad educada. Ciertamente que no me gusta que la gente me grite. ¿Y a usted? No obstante, si vamos a considerar las expresiones cristianas de gozo, no podemos ignorar el grito.

Mi esposa Ruth no es nada que se parezca a una gritona. Silenciosa y tímida, expresa su testimonio a Cristo firmemente, pero en característicos tonos gentiles. Gritar no es lo suyo. Ella prefiere desaparecer, y yo también.

Sin embargo, La Biblia nos dice que Dios Todopoderoso se expresó a sí mismo con gritos, y así lo hizo su Hijo Jesús. Y nos guste o no, muchos creyentes han encontrado a través de los siglos que por tiempos el gozo del Señor se vuelve tan exuberante que la única forma en que podemos expresarlo es con un grito.

Jesús Ungido de Gozo

Un grito de gozo puede tomar diferentes formas de expresión. Puede ser una canción cantada con voz muy fuerte, una aclamación o proclamación, o simplemente un grito de éxtasis. "¡Hosanna!" y "¡aleluya!" fueron expresados en gritos en La Biblia. Ocasionalmente se escuchan en los servicios de adoración convencional hoy en día, pero habitualmente en himnos y canciones. Tomo como modelo a Pablo, que sumó uno de los más grandiosos libros del Nuevo Testamento a La Biblia, cuando escribió a los cristianos de Galacia. Allí hizo esta fuerte pregunta: *"¿Dónde pues está esa satisfacción que experimentábais?"*[1]

En el cierre del libro de Salmos se levanta un grito de gozo que vale la pena repetir. Se encuentra en el Salmo 150:

Alabad a Dios (...)
Alabadle a son de bocina;
Alabadle con salterio y arpa.
Alabadle con pandero y danza;
Alabadle con cuerda y flautas.
Alabadle con címbalos resonantes;
Alabadle con címbalos de júbilo.
Todo lo que respira alabe a Jah.
Aleluya.

El Salmo 100 explica la razón por qué hacerlo fuertemente:

Cantad alegres a Dios,
habitantes de toda la tierra.
Servid a Jehová con alegría;
Venid ante su presencia con regocijo (...)
Porque Jehová es bueno;
para siempre es su misericordia,
Y su verdad por todas las generaciones.

En otras palabras, hay tiempos cuando debido a la bondad del todopoderoso Dios ¡el creyente lleno de gozo simplemente tiene que estallar en exuberancia ruidosa! Las próximas pocas páginas buscan mostrar por qué el gozo del Señor ocasionalmente se vuelve tan desbordante que simplemente no puede contenerse a sí mismo.

Los astrónomos y cosmólogos han discutido ampliamente la posibilidad de que el universo se originara con un "big ban". Tal teoría dice que el universo fue creado por la explosión de una masa de átomos de hidrógeno y que aún está en expansión. Tal antigua explosión presumiblemente envió un grupo de estrellas y nebulosas unidas en cada dirección. La teoría del "big bang" comúnmente se enseña en la actualidad en las escuelas públicas, aunque nadie ha explicado satisfactoriamente quién o qué fue lo que produjo el "bang". Ni nos han dicho qué había antes de la explosión.

Después de esa teoría, algunos adherentes darwinianos enseñan que una pileta de limo sobre el planeta Tierra comenzó la cadena de la evolución; y gracias a algunas improbables configuraciones y posibilidades de fluctuaciones en el curso del tiempo, ¡aquí estamos!

Me recuerda unos versos humorísticos:

Había una vez una babosa inteligente
que siempre soplaba una flauta.
Porque decía: "Tal vez
en un billón de años
seguramente alguna tonada me saldrá".

Es duro para los cristianos tomar al evolucionismo con seriedad, porque sus adherentes están siempre cambiando sus premisas. La Biblia enseña que el comienzo de todas las cosas no fue una explosión de estrellas como tal, sino más bien fue la proclamación de una Palabra. Esa Palabra estaba en el principio con Dios, y la Palabra era Dios.

La Biblia no dice cómo fue proclamada por primera vez esa Palabra, pero dice que *"alababan todas las estrellas del alba y se regocijaban todos los hijos de Dios"*.[2]

De ese versículo en el libro de Job podemos ver que había algo de gritos por allí. ¡Fascina la mente pensar que Dios mismo, el gran gobernador del cielo, pueda haber comenzado la creación de repente no con un gran "bang" sino más bien con un gran grito! Esto para decir, Dios habló en su santidad y el universo comenzó, y fue y es.

Una expresión extraña se encuentra en el Salmo 47, la cual describe una magnífica victoria israelita que celebraban con gran Júbilo. Parece que las personas aplaudían y exaltaban al Señor Altísimo. Entonces, en el versículo 5 escuchamos al salmista que dice: "*...subió Dios con júbilo*, Jehová con sonido de trompeta".[3]

¡Qué asombroso! ¡Imagínese a Dios gritando de gozo! Sin embargo, está allí, en el registro divino.

Tal como podía esperarse, los comentaristas son rápidos para explicar el versículo. Dicen que no era Dios que gritaba, sino que el "grito" era el propio grito de alegría del pueblo judío por la victoria sobre algún enemigo, el cual acompañaban con el sonido de trompetas y canciones de alabanza.

Bien, es verdaderamente cierto que el grito se escuchó frecuentemente en la historia militar de los israelitas. Los gritos de las tropas y el sonido de las trompetas, registrados en Josué 6, derribaron los muros de Jericó. Pero si en el Salmo 47 fue el ejército de Israel antes que Dios que "subió con un grito", yo pregunto, ¿por qué el salmista no lo dijo? ¿Por qué dijo que Dios lo hizo? ¿Por qué en su lugar no escribió: "El pueblo subió con un grito"?

Si fue realmente Dios que "subió con un grito" ¿qué significado tiene esto para usted y para mí? No estamos pensando sobre una deidad imaginaria, estamos pensando sobre nuestro Hacedor. ¿Gritó o no? Si lo hizo, ¿está actuando como nosotros? Para tener una respuesta, voy a Génesis 1 y encuentro a Dios que dice: "*Hagamos al hombre a nuestra imagen y semejanza*". Así que, la respuesta es *no*; cuando Dios grita de júbilo, como lo hace en el Salmo 47, no está actuando como nosotros, sino justamente lo opuesto. Cuando nosotros gritamos de gozo ¡estamos actuando como Él!

La Biblia tiene algunas cosas importantes para decir sobre el grito que no son consideradas con frecuencia en la iglesia; y porque este libro trata del gozo, tenemos la intención de considerarlas.

No siempre en La Biblia Dios gritó gozosamente. En el libro de Amós, el Todopoderoso rugió desde el monte de Sión. En Jeremías rugió desde lo alto "*contra los que habitan la tierra*". En Ezequiel su voz fue como el sonido de muchas aguas, y nuevamente como el so-

Cuando Dios grita

nido de alas de querubines. En Éxodo Dios habló desde un arbusto, en Mateo desde una nube. En Apocalipsis Juan escribió que su voz sonó como el trueno.[4]

Pero al leer La Biblia obtengo la impresión de que la verdadera grandeza sublime de Dios no se muestra en su rugido de indignación, sino en sus expresiones de gozo y alegría. ¿Por qué? ¡Porque el gozo vino primero!

El gozo y el deleite de Dios, con amor, fueron el diseño original de la creación de Dios y forman parte del terreno de la realidad; de donde el pecado y el mal aparecieron después y son (para citar a Agustín) meras corrupciones de la realidad y la bondad.

Miremos un poco más en La Biblia. En el Salmo 27 el salmista declara que cuando la dificultad se levanta y los enemigos lo oprimen, el Señor lo protegerá de tal manera que *"levantará mi cabeza sobre mis enemigos que me rodean"*. Y luego agrega como una declaración llamativa: *"por lo tanto, ofreceré sacrificios de júbilo en su tabernáculo"*.

¿Sacrificios de júbilo? ¿Qué son? Suena como una linda expresión bíblica, pero cuando la examinamos resulta ser una aparente contradicción. ¿Cómo puede ser un sacrificio gozoso? ¿Estaba Abraham gozoso cuando trató de sacrificar a Isaac? Por causa de mi extensa ignorancia, me vi forzado a consultar varios comentarios, y mientras fracasaba en encontrar una respuesta a mi pregunta, aprendí algo. El gozo, me dijeron, no es una consecuencia aislada y ocasional de la fe, es una parte integral de nuestra completa relación con Dios. El gozo del Señor es algo que se levanta sobre las circunstancias y enfoca en el mismo carácter de Dios. Aprendí que hay un gozo santo, tan puro que aún existe en medio del dolor. Y también que el gozo nos viene del Espíritu Santo junto con el amor, la paz y otras virtudes descriptas por Pablo en su carta a los Gálatas.

Pero, ¿cómo nos dicen los comentaristas que el gozo se expresa a sí mismo en La Biblia? Aquí fui sorprendido realmente. En "danza, gritos, canción, aplauso, salto, golpeando con los pies, haciendo fiesta y celebrando". Por ejemplo, en la fiesta de la cosecha o de los Tabernáculos, de una semana de duración, los hebreos iban al aire libre, vivían a la sombra de las cabañas hechas de las frondo-

Jesús Ungido de Gozo

sas hojas de los árboles. Lo hacían así en la simple alegría de corazón como una forma de agradecimiento, en obediencia a Deuteronomio 16:15: *"...y estarás verdaderamente alegre"*.

Aprendí que después del exilio de Babilonia en el siglo VI a.C., los grandiosos festivales judíos perdieron mucho de su carácter gozoso original y se transformaron en aniversarios solemnes. No pude evitar preguntarme, ¿no sucedió lo mismo con el gozo en la iglesia del Nuevo Testamento después de Pentecostés? Con cada siglo que fue pasando la iglesia parece haber incorporado más mojigatería, solemnidad y ritual, recortó la celebración. ¿Y qué intención tenemos hoy sobre esto?

Todavía buscaba una explicación a "sacrificios de gozo", y llamé por teléfono al Dr. Ronald Younglood, el distinguido académico del Antiguo Testamento, autor y recopilador en el Seminario Betel del Oeste. Contestó el llamado para informarme que el sacrificio hebreo de gozo era *un grito*. Mientras el adorador le daba su ofrenda sacerdotal al Señor y el sacerdote la aceptaba, ¡el que la entregaba daba un grito de gozo! El término "sacrificio de gozo" por lo tanto, realmente significa "¡grito gozoso!"

¿Qué relación tiene esto con nosotros? ¿Cómo ofrecemos un sacrificio de gozo al Señor? Puede que haya encontrado una respuesta en el capítulo veinticinco de Mateo. Jesús relató una famosa parábola, donde se implica que cuando sus seguidores salen para ayudar a alguien con una visita, una oración, un regalo de comida, agua o vestido, lo hacen no para ayudar a otros, sino que lo hacen para Jesús mismo. Por lo tanto, se transforma en una obra aceptable a Dios.

Miremos esto nuevamente. Cuando hacemos algo para otros que *no tiene nada que ver con nuestra agenda*, nosotros que amamos al Señor nos transformamos en sus sacerdotes y sacerdotisas del gozo. Por algo el salmista exclamó: *"Cantaré, sí, cantaré alabanzas ante el Señor"*. Sí, y gritaré también, y tañeré el arpa. Para repetirlo, ¡cuando lo hacemos para otros, lo hacemos para Jesús! Eso es lo que el Señor nos dijo, y lo que la Escritura quiere decir por sacrificio de gozo. ¡Qué hermoso concepto!

Todos recordamos la deslumbrante historia de Navidad en

Lucas, cuando describe a los ángeles que aparecieron a los pastores y gritaron de gozo: *"¡Gloria a Dios en las alturas, y en la tierra paz, buena voluntad para con los hombres!"*

Lucas luego nos relata que la voz del Padre Celestial fue oída en el bautismo de Jesús: *"Este es mi Hijo amado, en quien tengo complacencia"*. Igualmente la voz celestial fue oída por Pedro, Santiago y Juan en el Monte de la Transfiguración (probablemente el Tabor) cuando dijo: *"¡Este es mi Hijo amado, a Él oíd!"*[5]

El domingo de ramos unos años después, de acuerdo con Lucas, los discípulos de Jesús gritaron gozosamente: *"¡Bendito sea el Rey!"* mientras Jesús descendía del Monte de los Olivos. Cinco días más tarde, de acuerdo con el Evangelio de Marcos, nuestro Señor Jesús gritó dos veces, una en agonía y una en victoria. Cuando pronunció las palabras *"Dios mío, Dios mío, ¿por qué me has abandonado?"*, citana el Salmo 22. Después, en el momento de su último suspiro sobre la cruz, Jesús dio un grito que siempre será interpretado como una señal de triunfo.

Finalmente, de acuerdo con Las Escrituras, cuando Jesucristo regrese a la Tierra *"descenderá del cielo con un grito de mando, con voz de arcángel y con voz de trompeta de Dios"*[6].

Jesús enseñó que hay *"gozo en los cielos"* cuando un pecador se arrepiente y se vuelve a Dios. Lo repitió una segunda vez: *"Os digo, que hay gozo delante de los ángeles de Dios por un pecador que se arrepiente"*[7].

¿Cómo se imagina que se expresa ese gozo?

El siglo XX ha visto más mártires por Cristo que todos los diecinueve siglos anteriores juntos. El tiempo puede venir pronto cuando "la rectitud política" o algún dogma popular de la nueva era en nuestras propias democracias occidentales demande el precio del martirio cristiano. Entonces, tan valientes como las nuevas canciones evangélicas escritas, aprenderemos nuevamente el significado de la palabra "grito".

Me inspira recordar a las jovencitas hugonotes en Francia, durante las guerras religiosas en el siglo XVI, cuando cantaban salmos y canciones espirituales mientras iban al patíbulo por su fe "tan alegres como irían en su carroza de bodas, solamente esperaban en

Jesús Ungido de Gozo

Cristo su Salvador". ¡Qué bienvenida habrán recibido en los cielos!

"¡Gritad de gozo al Señor, toda la tierra!" clama el salmista. *"¡Gritad fuerte!"* "Cantad de gozo. *Despertad, gritad fuerte, no reprimáis. Gritad de gozo, oh cielos. Gritad fuerte, oh tierra, debajo de ellos".* Y el libro de Apocalipsis termina con el Espíritu y la esposa expresando: *"¡Ven!"* "Y el que tiene sed, venga!"[8]

El silencio es oro

*Un pájaro sabio vivía en un roble,
cuánto más sabía, menos hablaba.
Cuanto menos hablaba, más escuchaba.
¿Por qué nosotros no podemos todos ser como él?*

Sydney Smith dijo una vez de Lord Macaule: "Tiene ocasionales destellos de silencio que hacen de su conversación un perfecto deleite". Este hombre consideró muy bien el tema: hablamos demasiado.

Imagínese que está cerca del borde de una gigantesca masa de granito en lo alto de las montañas. Delante de él se extiende un fecundo valle lleno de árboles nativos. Un pequeño arroyo salpica las grandes rocas redondas por debajo, pero usted no puede oírlo. En todos lados hay silencio.

Ni una sola hoja cae sobre la Tierra,
reteniendo el gozo del silencio o del sonido.

Usted está en un estado gozoso, triunfal, luego de su caminata solitaria desde el valle. Respira profundamente el aire de la montaña, y abre su boca para gritar, pero su voz parece negarse a quebrar el oro del silencio. Usted está absolutamente solo. Recuerda cuánto tiempo Jesús pasó

TRECE

Jesús Ungido de Gozo

solo en silencio, en las montañas, con su Padre. Con la brisa que sopla sobre su rostro, dice suavemente: "Hermoso. Gracias, Padre. Gracias, Jesús".

Dar gracias, aún silenciosamente, es una manera fácil de abrir los canales entre la Tierra y el cielo. Peter Forsyth escribió: "El gozo interior se cumple en la oración de agradecimiento".[1]

En cuanto a nuestro Padre Dios, con requerimientos que le llegan cada medio segundo desde todas partes, que piden, apelan, peticionan, ruegan, aún demandan, debe refrescar su soberana majestad el entregarle una oración que no expresa otra cosa que gratitud. Ni siquiera una espera de respuesta. ¡(R.S.V.P.)!

El estar a solas en silencio, dijo Samuel Hageman, es estar a solas con Dios. En la quietud, sea en la montaña o en nuestra casa en cama, podemos reflexionar calladamente sobre la excelencia de Dios, que siempre desea comunicarse con nosotros. Así que, le "hablamos" con nuestras mentes y corazones. Si es el primer intento le decimos: "Lo sentimos mucho, pero hemos estado pensando acerca de comenzar a orar durante un largo tiempo, pero tú sabes como es – no hemos podido hacerlo". Una vez que hicimos eso, podemos relajarnos en silencio por un tiempo, tal vez simplemente contemplar los atributos del Infinito. Si estamos quietos en la montaña, podemos mirar un ala delta que vuela a la distancia y susurrar con Sidney Lanier:

> Tal como el gusano del pantano
> secretamente edifica en el suelo húmedo,
> he aquí que yo me haré un nido en la grandeza de Dios.[2]

El silencio siempre ha sido un corredor hacia Dios. Ignacio, que fue obispo de la iglesia de Antioquía 85 años d.C., escribió una carta a una iglesia cercana en Filadelfia y dijo de su obispo: "Estoy encantado por la dulzura de sus modos. Realiza más con su silencio que lo que otros hacen cuando hablan sin propósito". No obstante, en uno de los manuscritos que subsistieron de esa carta de Ignacio vemos que esta gentileza no era hacia el obispo, ¡sino hacia Jesús![3] Y qué verdad es.

Los retiros silenciosos de Jesús para orar fueron bien conocidos por sus discípulos. Otro que los conocía era Poncio Pilato. No podía creer que su prisionero se negara a defenderse. Repetidamente le preguntó a Jesús sobre los cargos que había contra Él, pero nuestro Señor mantuvo silencio. Como dice una canción negro espiritual, "Nunca balbuceó una sola palabra".

Cuando el avivamiento galés de 1904-1906 estaba en su pico más alto, un joven minero que era uno de sus líderes viajaba por todo el país de Gales, y paraba en las poblaciones y ciudades los domingos para predicar. Las iglesias estaban llenas, esperaban que llegara y tomara el púlpito. Pero cuando aparecía, con frecuencia se deslizaba en un banco y se quedaba allí y oraba silenciosamente durante todo el período de canciones y testimonios. Solamente el poder de la presencia callada de Evan Roberts, se decía que electrificaba. Muchas personas eran salvadas. Como si la congregación tuviera un "extraño reflejo" del cielo mismo.

Un misionero de corazón cálido, Charlie Andrews, escribió un libro en el que cuenta de sus largos años en la India, durante los cuales muchas de sus experiencias fueron desalentadoras. Sufrió gran crítica por su actitud de amor hacia toda la gente india. Aún perdió su posición en la iglesia por causa de un punto teológico. Y escribió estas líneas:

> He fracasado, las cosas han salido mal, adentro y afuera, pero especialmente adentro. Mi corazón se ha vuelto preocupado y desalentado con un sentimiento de desilusión. La ansiedad ha aumentado. Mi mente interior en su totalidad ha quedado nublada y perpleja. Pero Jesús, el gran Maestro, ha estado tratando con mis cuestionamientos como un amigo, y como amigo Él hace sencillo su propio significado, y ha revelado su propósito.
> Y luego, ¡ah! regresa silenciosamente fluyendo, como una marea de un gran océano, su propio amor ilimitado dentro de mi corazón, y todas las dudas y temores son purgados. La noche oscura del alma, con sus sueños problemáticos, se desvanece, y mis ojos son abiertos a la luz de un nuevo

amanecer. Sé una vez más que "Sus misericordias son nuevas cada mañana".

El mismo aire que respiro, el cielo sobre mí, la tierra en mis pies – toda la naturaleza ahora parece estar bañada de una gloriosa luz, transfigurada por el gozo que está en mi propia alma.[4]

Paz y soledad. El silencio absoluto que jamás nos traiciona. Mientras algunos de nosotros entramos a nuestros años finales de la vida, advertimos mejor los silencios, especialmente durante las horas cuando el Sol sale y se pone. En tales momentos de soledad nuestros pensamientos fluyen hacia las memorias, y recordamos placenteras imágenes del pasado.

Estoy agradecido a las escuelas dominicales que asistí cuando era muchacho, y a los maestros que me animaron a memorizar diferentes partes de La Biblia, notablemente los Salmos. Ahora en mis años ancianos, en lugar de retomar las preocupaciones del día, me quedo en la cama a la noche y recuerdo diferentes Escrituras, pienso en ellas silenciosamente.

Llenar los deleites del silencio con la Palabra de Dios es un tónico no solamente para la mente humana sino también para el cuerpo. ¡Simplemente quedarse silencioso! ¡Sentarse entre los libros sin escuchar nada a excepción tal vez de algo placentero a la distancia, tal como el estallar de los granos de pochoclo! Oliver Wendell Holmes dijo una vez: "El silencio, como un remedio viene a sanar los ruidos del sonido". Y qué privilegio abrir La Biblia y leer: *"Aguarda a Jehová; esfuérzate, y aliéntese tu corazón; sí, espera a Jehová"*.[6]

Aquí hay un pasaje delicioso que nunca falla para levantar mi espíritu mientras leo los versículos:

Cantad alegres a Dios, habitantes de toda la tierra,
Servid a Jehová con alegría;
Venid ante su presencia con regocijo.
Reconoced que Jehová es Dios;
Él nos hizo y no nosotros a nosotros mismos;
Pueblo suyo somos, y ovejas de su prado.

El silencio es oro

Entrad por sus puertas con acción de gracias,
Por sus atrios con alabanza;
Alabadle, bendecid su nombre.
Porque Jehová es bueno; para siempre es
su misericordia,
Y su verdad por todas las generaciones.[7]

Observen las palabras *alegres, alegría, cantad, bendecid,* y *alabad.* Cuando mantenemos contacto con esos pensamientos, el silencio se llena de sonidos angelicales.

Aquí hay otro salmo que, mientras uno se queda silencioso a la noche, pareciera casi estallar con el gozo del agradecimiento:

Amo a Jehová, pues ha oído
Mi voz y mis súplicas;
Porque ha inclinado a mí su oído;
Por tanto, le invocaré en todos mis días.
Me rodearon ligaduras de muerte,
Me encontraron las angustias del Seol;
Angustia y dolor había yo hallado.
Entonces, invoqué el nombre de Jehová, diciendo:
Oh Jehová, libra ahora mi alma.
Clemente es Jehová, y justo;
Sí, misericordioso es nuestro Dios.
Jehová guarda a los sencillos;
Estaba yo postrado, y me salvó.
Vuelve, oh alma mía, a tu reposo,
Porque Jehová te ha hecho bien.
Pues tú has librado mi alma de la muerte,
Mis ojos de lágrimas,
Y mis pies de resbalar.
Andaré delante de Jehová
En la tierra de los vivientes.
Creí; por tanto hablé,
Estando afligido en gran manera.
Y dije en mi apresuramiento:

Todo hombre es mentiroso.
¿Qué pagaré a Jehová
Por todos sus beneficios para conmigo?
Tomaré la copa de la salvación,
E invocaré el nombre de Jehová.
Ahora pagaré mis votos a Jehová
Delante de todo su pueblo.
Estimada es a los ojos de Jehová
La muerte de sus santos.
Oh Jehová, ciertamente yo soy tu siervo,
Siervo tuyo soy, hijo de tu sierva;
Tú has roto mis prisiones,
Te ofreceré sacrificio de alabanza,
E invocaré el nombre de Jehová.
A Jehová pagaré ahora mis votos
Delante de todo su pueblo,
En los atrios de la casa de Jehová,
En medio de ti, oh Jerusalén,
Aleluya.[8]

Donde Ruth y yo vivimos ahora hay siete entradas además de la puerta del frente. Las siete formas son el buzón de las cartas, el teléfono, el fax, la radio, la televisión, el diario y el e-mail. Bajo tales condiciones un tiempo de silencio no es fácil. El único sonido bienvenido que prefiero a todos los demás es la voz de mi esposa, que es como la de la hija del rey Lear, Cordelia, cuya "voz siempre era tenue, gentil y suave, algo excelente en una mujer".[9]

Ahora me gustaría volverlo a llevar a la cima de la montaña de granito. Caminaremos entre los pinos y los abetos, el abedul y los álamos, donde los pájaros carpinteros están golpeando, las golondrinas pasan volando, la brisa toca las puntas de los árboles y toda la naturaleza parece llena de gozo.

Una vez escribí un poema luego de caminar por un lugar donde había un poco de agua en Sierra Alta, conocida como "El Lago Perdido". Es el siguiente:

El silencio es oro

Me arrodillé junto al lago solitario
donde todo era verde y azul;
le pedí al Señor que tomara mi vida
y la hiciera nueva.
Mientras estaba arrodillado, sentí
un soplo de gloria en aquel lugar;
el Espíritu del Dios viviente
descendió con poder y gracia.

El viento susurraba gentilmente
a través de los árboles;
ningún otro sonido se escuchaba,
pero, igual que en la antigüedad,
Cristo caminó por la costa
y trajo a mí su Palabra;
la trompeta de un ángel llenó el aire
para alabar a Dios el Hijo,
y todos los pinos dieron palmadas de aplauso
ante lo que el Señor había hecho.

Allí en el silencio donde la cercanía de Dios se siente como realidad, es fácil verlo sonreír. Es fácil pensar de mi Jesús que camina a nuestro lado, comparte las delicias de la naturaleza, pero aún más la bendición del Espíritu. Como Pablo escribió hace tanto tiempo: *"no mirando nosotros las cosas que se ven, sino las que no se ven; pues las cosas que se ven son temporales, pero las que no se ven son eternas"*.[10]

CATORCE

Cuando el gozo enfrenta al temor

El coraje es el temor que ha orado.
> **Karle Wilson Baker**

El joven que manejaba estaba camino de Las Cruces, Nueva México, para reunirse con su novia. No tenía mapa y había perdido la ruta, pero eso no le importaba; sabía que estaba dirigiéndose al este. En realidad estaba cantando de gozo cuando su coche se salió del camino hacia la arena en un solitario lugar de un camino secundario en Arizona. Sus primeros esfuerzos de pánico para volver al camino lo único que lograron fueron hundir los neumáticos aún más hondo en la arena. El coche ahora estaba inmovilizado, y no tenía teléfono celular. Durante millas había manejado sin ver ningún otro vehículo. Era entrada la tarde, y el calor del verano prácticamente insoportable. No tenía agua. Salió del coche, lo cerró y comenzó a caminar.

Cinco horas después el joven se encontró en la oscuridad, aún caminando, con una sed que estaba aumentando hasta ser casi intolerable. El gozo que sentía en el volante se había ido hacía mucho, y el temor había trepado a su pensamiento. ¿Lo lograría? ¿Dónde estaba? ¿Moriría? ¿Encontrarían su cuerpo al lado del camino? ¿Estaba listo para morir? Entre tanto se sentó a escribir una nota para sus padres, en una tarjeta personal que tenía en su valija, contándoles qué había sucedido. Tentáculos de miedo parecían llegar hasta su garganta. Sabía que espiritualmente no estaba listo para encontrarse con Dios. No quería morir. Tenía miedo de morir. Estaba aterrorizado del juicio y del infierno. Aturdido, volvió a andar, tropezando con frecuencia, porque la Luna estaba baja y era difícil mantenerse en el camino. Temeroso de morir si se detenía, se mantuvo caminando toda la noche. En el primer rayo del amanecer llegó finalmente a una señal del camino desgastada por el tiempo. Donde se leía:

FLAGSTAFF A 25 KILOMETROS

Exhausto, se derrumbó en el pavimento y comenzó a sollozar.

¿ Por qué debería escribir sobre el temor en un libro de gozo? Es por causa de todos los horrores que asedian a los individuos comunes en el curso de su vida, el temor es el mayor matador de gozo de todos. Como la película *Titanic* ilustró dramáticamente, cuando el barco donde uno está se hunde, el temor tiende a reunir todas las otras emociones.

Vengan conmigo al capítulo de cierre del Evangelio de Mateo. Comienza con una escena en la tumba vacía en la mañana de Pascua. María Magdalena y María la madre de Santiago fueron a mirar el cuerpo de Jesús. Justo en ese momento un temblor sacudió la tierra. Encontraron que un ángel del Señor había hecho rodar la piedra desde la entrada de la tumba y se había sentado sobre ella. Las mujeres comenzaron a temblar con angustia y temor.

El ángel les habla a las mujeres, diciéndoles que Jesús se ha levantado de la tumba y que va hacia Galilea. Las invita a mirar la tumba. Estaba vacía. Luego les pide que lleven la noticia a los discípulos de que Jesús está vivo. Por favor, observen las próximas palabras en el texto de Mateo: *"Entonces ellas saliendo del sepulcro con temor y gran gozo, fueron corriendo..."*[1].

Así que, las mujeres combinaron su gran temor con gran gozo.

Cuando el gozo enfrenta al temor

¡Eso es algo diferente! Por favor miren junto conmigo algo más en un segundo pasaje, en Lucas 24. Es la misma escena de la mañana de Pascua, pero con algunas leves diferencias. Ciertas mujeres galileas (las mismas son mencionadas, junto a otras) están en la tumba con especias y aceites fragantes con los cuales ungir el cuerpo de Jesús. Se encuentran con dos hombres de vestiduras resplandecientes y se les dice que Jesús ha resucitado, como Él predijo que lo haría. Las mujeres luego notifican a los discípulos.

Luego, los hombres están reunidos en un cuarto cuando Jesús mismo repentinamente se pone de pie en medio de ellos. Los hombres están atemorizados —aterrorizados— hasta que Jesús les muestra sus manos y pies heridos. El texto dice que entonces *todavía ellos, de gozo, no lo creían*.[2] Vemos nuevamente allí: gozo en medio del temor. O para ser más exactos: el gozo junto con el temor del Señor.

En estos dos pasajes hay algo que La Biblia está tratando de decirnos, y creo que tiene que ver con la naturaleza de Dios. Una y otra vez La Biblia alaba al "temor del Señor" como algo deseable y maravilloso. Evidentemente, no es el terror que uno tiene de encontrarse con un oso salvaje enojado, o cuando uno está perdido de noche en el desierto de Arizona.

El temor del Señor en La Biblia no es estrictamente terror. Incluye reverencia, asombro y admiración en la presencia del Invisible. Este asombro, esta divina, misteriosa conciencia de lo sobrenatural, como La Biblia lo describe, es más que un sentimiento fantasmal y tétrico. Es un aviso de la Presencia de la Majestad, y para el creyente también tiene un aspecto positivo, edificante, un matiz de gozo en la Presencia del Dios Viviente. Un hombre o una mujer temerosos de Dios, entonces, no son personas inmovilizada por el terror, sino más bien irradian amor y aún gozo hacia un mundo ocupado.

La Biblia nos dice que ese temor es el comienzo de la sabiduría. "El temor del Señor es limpio… el temor del Señor es fuerte… el temor del Señor es instrucción… el temor del Señor es riquezas, y tesoro y fuente de vida". Esa es la manera que La Biblia lo describe. Santiago, el hermano de Jesús, comienza su carta en

Jesús Ungido de Gozo

el Nuevo Testamento aconsejando así a sus compañeros cristianos, en el capítulo 1:2-4:

> *Hermanos míos, tened por sumo gozo cuando os halléis en diversas pruebas, sabiendo que la prueba de vuestra fe produce paciencia.*
> *Mas tenga la paciencia su obra completa, para que seáis perfectos y cabales, sin que os falte cosa alguna.*

Santiago les dice a sus hermanos cristianos que ciertos tipos de temor y sufrimiento de hecho producen fibra en nuestras almas y fortalecen nuestros caracteres. Cuando pasamos a través de esas pruebas, somos mejores hombres y mujeres, lo cual es causa de gozo. Santiago no está diciendo que deberíamos deleitarnos cuando nuestros peores temores se hacen realidad, o cuando nos están hiriendo.

Pedro adopta el mismo tono en su primera carta (4:12-13):

> *Amados, no os sorprendáis del fuego de prueba que os ha sobrevenido, como si alguna cosa extraña os aconteciese, sino gozaos por cuanto sois participantes de los padecimientos de Cristo, para que también en la revelación de su gloria os gocéis con gran alegría.*

Mateo dice que las mujeres tuvieron *"temor y gran gozo"* cuando vieron al Cristo resucitado, y Lucas dice que los discípulos "no creían por causa del gozo". Eso parece hacer del gozo del Señor un concepto mucho más maravilloso. Prácticamente hace que uno se estremezca. ¡Estamos realmente cerca de Dios!

La gente puede fácilmente entender equivocadamente la expresión "el temor del Señor", pues hemos subestimado el concepto bíblico de la santidad y grandeza de Dios. También hemos quitado algunos de los resplandores milagrosos del gozo y el éxtasis del Señor Todopoderoso.

Una analogía humana que puedo ofrecer es la de subir a una montaña. Admito que simplemente contemplar la idea de hacer el ascenso del Fuji, Mauna Kea, Shasta, Whitney o Half Dome puede ser aterrorizante, particularmente cuando uno lo comienza solo. La montaña es tan vasta, y uno se siente tan insignificante. ¡Algunas personas mueren en esos ascensos! Hay razón para temer, sin embargo, al mismo tiempo hay gozo ante el pensamiento de escalar tal imponente altura. ¿Podré hacerlo realmente? ¿Mi cuerpo lo logrará? El temor está presente. Pero cuando luego de muchas arduas y largas horas, uno se para en la misma cima del risco, con toda la grandeza alrededor, hay un sentido exquisito del gozo, de cercanía a Dios que no se halla en alturas inferiores.

El temor de Dios produce un regocijo parecido. Nos desafía a ir a las alturas con Él. Nos dice que probemos la fuerza que nos da, y no simplemente al subir. Cuando nos damos cuenta que el temor de Dios está entretejido con la misma fibra que el gozo de Dios, su amor es más fácil de entender, porque La Escritura nos asegura que *"el perfecto amor echa fuera el temor"*[3].

No necesitamos estar atemorizados por el Todopoderoso. Es agradable estar con Él; ¡pero aún así es Dios! Años atrás escuché de un anunciante de los viejos tiempos a quien se le pidió en uno de esos programas a los que se puede llamar, si pasaría la grabación "Jesús amante de mi alma". Después de fijarse respondió al aire: "Sentimos mucho no tener ese tema que pidió en nuestro estudio, pero en lugar de ese vamos a pasar para usted: "Mi compinche".

Dios no es nuestro compinche. Puede pensarse de Él como nuestro Papito, nuestro Abba Padre, pero no es nuestro compinche. Es verdad que Él es majestuoso y sobrecogedor en su poder y fortaleza, y asombroso en su condenación del pecado, pero como sus hijos no necesitamos estar con timidez a su alrededor. La verdadera naturaleza de Dios es el amor. Jesús es el amor encarnado. El Espíritu Santo es el poder y sabiduría del amor, Jesús no vino a la Tierra para condenarnos, sino para salvarnos. Nuestro Dios es un Dios poderoso, un Dios de amor y misericordia y gozo, no de temor y miedo.

Setenta y seis veces desde Génesis a Apocalipsis encontramos las palabras "¡No temáis!" ¿Por qué? Con frecuencia la razón que se da es que "Dios está con nosotros". Él es el Paracleto, el Uno que se pone a nuestro lado para ayudarnos. Él está delante de nosotros, liderándonos. Es nuestra retaguardia, está dentro de nosotros, está más cerca que nuestras manos y pies. De hecho, Dios está es todas partes. Es omnisciente, omnipotente, omnipresente y mucho más.

Dios nos ayuda en nuestros temores humanos. Cuando comienzan a surgir en nuestras vidas hasta llegar a tal medida que nos inundan, Él tiene un recurso listo para nosotros. "*¡Vestíos de toda la armadura de Dios!*" para que podáis estar firmes contra las asechanzas del diablo... con el cinturón de la verdad, la coraza de justicia, el escudo de la fe, el yelmo de la salvación y la espada del Espíritu, la cual es la Palabra de Dios!"[4] Entonces podemos enfrentar el temor humano y ver cómo se encoge a su medida real.

Hay mucho para decir sobre los temores humanos, como hay sobre algunos tipos de dolor. El temor puede ser sano si juega un rol que provee seguridad. El temor señala las zonas peligrosas, y hace doblemente posible que nuestros errores de juicio sean corregidos. El temor a fracasar genera el cuidado que revisa cada tuerca. Muchos de los logros más grandes de la vida han surgido como respuesta a los temores de un tipo u otro.

Sin embargo, al final debemos darle a nuestros temores un signo de restar. Nunca hará que llevemos a casa una medalla o ganemos los trofeos de la vida. Con demasiada frecuencia son las armas del acusador, el diablo, y sabemos que Jesucristo en la cruz nos libró de los poderes de la oscuridad. Es el gozo –frecuentemente el gozo de la lucha– que provee el motivo para comenzar y completar un gran trabajo. Es el gozo, no el temor, que nos enseña el coraje y la bravura para vencer grandes obstáculos y eventualmente traer la victoria a casa.

Cuando miro hacia atrás en mis años de experiencia, parece que en el balance el gozo generalmente es el vencedor sobre el temor. Eso es porque los temores y la preocupación están basados tan frecuentemente en cosas que nunca suceden. Son vapores que se desvanecen a la luz del día. Los gozos, también, pueden ser efímeros cuando están atados al mundo, porque generalmente tienen una manera de desaparecer, callada o ruidosamente. ¡Pero en el gozo del Señor – hay algo que lo hace durar!

El mensaje de La Biblia, entonces, es que el gozo no está manchado con el temor o la adversidad. Simplemente espera hasta que la verdadera nube pase. No niega la existencia de la nube, no la desprecia o lucha contra ella. Espera, pues sabe que cuando al final el cielo se haga claro, el gozo brillará más resplandeciente que nunca.

El hombre joven perdido en el desierto de Arizona –un amigo mío– había quedado en una reservación indígena. Un jovencito indio vino esa mañana a caballo, lo encontró, le dio agua, y le permitió cabalgar en su caballo hasta llegar a lugar seguro.

No tema. ¡Dios reina!

Gozo cuando algo duele

Lograr que el mundo entero salga de la cama, se lave, se vista, esté abrigado, y alimentado, que trabaje, y vuelva de nuevo a su cama, créeme, Saulo, cuesta un mundo de sufrimiento
> **John Masefield** en "La misericordia eterna".

¡Sufrimiento! Dolor físico, mental, emocional, psicológico, neurótico, imaginario. Dolor penetrante, dolor que muerte, lento, monótono, recurrente, que consume. ¿Qué podemos decir acerca de él con respecto al gozo? Nacemos con dolor, vivimos resistiendo y produciendo dolor, y la mayoría de nosotros muere con dolor. Hoy en día billones de personas pasan un dolor persistente, muchos de ellos en forma constante. Si alguna vez existió un matador del gozo, su nombre es dolor. Como C. S. Lewis lo expresó: "El sufrimiento no es bueno en sí mismo". Hace la vida miserable para los que lo merecen y los que no.

La mejor manera de comenzar es siempre con La Biblia. El profeta Miqueas, en un famoso capítulo, pidió a todos los que confían en Dios que *"amen misericordia"*[1].

Si vamos a seguir a Jesús debemos demostrar simpatía y ternura como Él tuvo hacia aquellos que sufren. Como Lewis dijo: "Lo que hay de

Jesús Ungido de Gozo

bueno en cualquier experiencia de sufrimiento, para el que la soporta, es someterse a la voluntad de Dios, y para los espectadores, la compasión que se genera y los hechos de misericordia a los cuales lleva"[2].

Se dice que en un día cualquiera, tres cuartos de la raza humana no se siente bien. Los libros de dolor y sufrimiento superan vastamente el número de los escritos sobre el gozo, más de cien a uno. Mucha gente no quiere escuchar sobre el dolor de otras personas, pero están bastante dispuestos a compartir el propio. Como yo lo entiendo, la actitud general hacia el dolor desarrollada por los americanos durante el siglo pasado a través de la investigación médica y el progreso, es sacar al dolor de en medio los más rápidamente posible. La simpatía es siempre aceptable, pero aburre pasar tiempo echándole la culpa al dolor en cualquier cosa o persona. Simplemente deténgalo. Tome una píldora; evite hacerse el fuerte o el bravo. Como dice mi dentista: "No hacemos héroes por aquí".

¿Envía Dios el dolor? ¿Así es Él? En las recientes semanas he leído algunos artículos teológicos escritos para justificar las razones de Dios para apenar a la humanidad con el dolor. En *El problema del dolor*, C. S. Lewis sugiere que el dolor es el "megáfono de Dios". Otros tratan al dolor como "el llamado de atención de Dios". En el Salmo 119 leemos:

Bueno me es haber sido humillado,
Para que aprenda tus estatutos, (...)
conforme a tu fidelidad me afligiste.

Esto parece atribuir el dolor directamente a Dios.

En la vasta literatura sobre el tema uno aprende acerca del dolor punitivo, correctivo, no merecido, de sometimiento y aún redentor. Muchos tienen ese punto de vista, pero yo encuentro poco de las enseñanzas de Jesús en esas líneas. Para decirlo honestamente, soy bastante ignorante sobre el tema, y lo encuentro singularmente falto de atractivo. Shakespeare escribió: "Dulce es el provecho de la adversidad", pero algunas de sus trivialidades no se ajustan demasiado a esas palabras. Me pregunto qué dolores en

Gozo cuando algo duele

particular tenía él en mente cuando escribió eso.

Muchos de los tipos comunes de dolor y sufrimiento parecen tener falta de sentido y cualidades redentoras. Afligen al justo y al injusto indiscriminadamente. Es aún más difícil racionalizar el sufrimiento de toda la raza, tal como sucedió durante el Holocausto, que dejó tal mancha en el siglo XX.

Mi esposa, Winola, fue una mujer de Dios sin ninguna duda, pero luego de soportar semanas del más extremo sufrimiento, murió de cáncer. Durante sus últimos días sus quejidos y gritos de dolor se escuchaban a través de todo el hogar convaleciente y aún cuando cayó en la inconsciencia. En tales casos el gozo solamente viene cuando uno piensa en los amados que están con Jesús, libres del dolor y gozándose en el compañerismo de los santos en gloria.

En el Nuevo Testamento encontramos a Jesús en la carne, que caminaba gozosamente por Galilea con una salud excelente, salvaba y sanaba a hombres, mujeres y niños, y en el proceso quitaba al dolor de en medio. Ante su toque las enfermedades eran sanadas y los espíritus inmundos exorcizados. Aquellos a quienes Jesús ministraba comenzaron a saltar y dar vueltas de gozo. Gritaban, cantaban y adoraban a Dios.

Del ejemplo de Jesús estoy convencido que el Padre Celestial desea que su pueblo sea tal como Él lo había creado originalmente: libre, saludable y lleno de alegría en el corazón. Sin embargo, en el Antiguo Testamento, específicamente en el libro de Job, queda claro que Dios le permitió a Satanás que le impusiera dolor a un hombre justo. ¿Aún lo hace? Esa es una de las preguntas que quisiéramos que se nos responda cuando lleguemos al cielo.

En el Nuevo Testamento el dolor que sufrió Jesús sobre la cruz fue tal cruel como los romanos supieron hacerlo; sin embargo, fue diferente. El dolor, soportado a favor de nosotros, se transformó en redentor y de expiación. Por la gracia de Dios, los sufrimientos de Jesús se convirtieron en un pasaporte a nuestra integridad y gozo. Por lo tanto, la sangre vertida en la cruz se volvió sanidad para todos aquellos que creen es su gloriosa resurrección de los muertos.

Aparte del dolor del Gólgota, entonces, ¿puede decirse que algún dolor haya sido en realidad bueno? Sí. sin duda. Dejo para la profesión médica la respuesta a esas preguntas, pero todos sabemos que el dolor con frecuencia le dice al que lo sufre qué y dónde está la dificultad que produce el dolor. El problema es que cuando la fuente del dolor se descubre y aísla, no siempre responde al tratamiento.

La sanidad, como fue el caso de Winola, algunas veces no tiene solución en esta vida. Sin embargo, los capítulos finales del libro de Apocalipsis nos aseguran que una solución final no existe. Nos dejan con el gozo de esta seguridad: esta vida no es la única.

Los cristianos también reconocen un tipo de sufrimiento humano que es particularmente honorable y bueno. La Biblia misma une esto al gozo del Señor. Es el dolor causado por la persecución de los creyentes por la causa de Jesucristo.

Frank Uttley escribe: "Pareciera que Cristo puso la persecución de los creyentes en una categoría diferente a la enfermedad y la dolencia, en algunos casos aún mirándola como un medio de bendición". *"Alegraos"*, dijo Jesús, *"cuando os persigan por causa de la justicia, porque el reino de los cielos es de vosotros"*. También les dijo a sus seguidores que *"si a mí me persiguieron, también los perseguirán a ustedes. En el mundo hallaréis aflicción pero, confiad, yo he vencido al mundo"*[3].

La distinción entre el sufrimiento causado por la persecución y otras formas de aflicción es significativa. El dolor bajo tal coacción vuelve un cuestionable "mal" en un positivo "bien". Observamos el agudo dolor que el apóstol Esteban sufrió mientras era apedreado por su fe en Jesús como una insignia de honor. La iglesia cristiana estima a Esteban como su primer mártir. La obra de John Foxe *El libro de los mártires* está cargada de historias de hombres y mujeres cristianas que desafiaron el dolor magníficamente cuando enfrentaron a sus acusadores.

Es significativo que en nuestro propio tiempo la persecución continuada de los creyentes cristianos, frecuentemente con torturas, en docenas de países alrededor del mundo finalmente está siendo reconocida en forma más general. Se ha dicho que más cristianos han muerto por su fe en el siglo XX que en todos los diecinueve siglos anteriores combinados.

En su hermoso libro *El toque tierno de Dios,* Michael MacIntosh describe el proceso de sanidad en términos simples pero poderosos: "Detengan el derramamiento de sangre, vistan la herida, dejen que Dios sane"[4]. Al hacer esto recordó unas famosas palabras de Monsieur Ambroise Pare, el famoso cirujano de Agincourt (1415), considerado en la actualidad el padre de la cirugía moderna. Hoy deberíamos estar agradecidos al ejército de doctores, enfermeras y asistentes que están comprometidos a la reducción y alivio del dolor en el mundo. Nunca deberíamos permitir que la disonancia de la política médica nos ensordezca de tal forma que no podamos ver la belleza de la sanidad que está ocurriendo en nuestro medio.

Mientras tanto, es difícil dar una palabra buena sobre el dolor cuando uno lee acerca de las horrendas y dolorosa crueldades infligidas por los seres humanos unos a otros aún en la actualidad en muchas partes del mundo. Un chofer borracho que es llevado al hospital con dolores después de un accidente decimos que merece castigo. Pero, ¿qué podemos decir sobre la otra víctima en el mismo hospital, un niño inocente que tiene que enfrentar una vida de dolor perpetuo como resultado de alguien que maneja como si fuera un arma de fuego?

El dolor humano ha estado a nuestro alrededor durante miles de años y parece estar en aumento en nuestra era tecnológica a pesar de las drogas para eliminarlo. No queda duda que el diablo y sus subordinados están ocupados en sus fraguas y laboratorios, inventan e idean nuevas, repulsivas, intensas formas de tortura humana. Eso también es parte del misterio de la iniquidad; pero en medio de ello los cristianos son animados a leer en Apocalipsis que un día vendrá pronto cuando no habrá más llanto ni dolor ¡Alabe al Señor!

El dolor tiene este valor positivo: detiene nuestra indulgencia de pensamientos sin sentido ni provecho, y nos fuerza a concentrarnos en asuntos más importantes. Aún puede provocarnos a la acción. Un muchacho joven que creció en un hogar cristiano en Ohio, dejó su hogar y estaba trabajando en un canal para barcos, cuando se lastimó el pie mientras cortaba madera. Contrajo infección y pronto quedó invalido. Durante los largos y dolorosos meses que pasó en cama resolvió educarse para cuando estuviera bien. Estudió para ser ministro pero, luego fue maestro, y más tarde director de escuela. Durante la Guerra Civil se unió al batallón 42 de voluntarios, y se transformó en un héroe durante la lucha en Shiloh y Chickamauga, y llegó a General. Luego de ser representante de Ohio y senador, fue elegido Presidente de los Estados Unidos. Fue mientras estaba en cama con dolor que decidió cambiar la dirección en su vida. Su nombre fue James Abram Garfield.

Cuando estamos en dolor podemos traer a la mente nuestras obligaciones hacia aquellos que amamos, y lograr tareas que siempre dejamos para después. Podemos ofrecer oraciones que hemos postergado por largo tiempo y leer capítulos en La Biblia largo tiempo descuidados. Aún podemos recordar a amigos que sufren mucho más que nosotros mismos, y renovar contactos con ellos en el Señor. De esa forma, el tiempo pasado en dolor puede ser utilizado eventualmente para reorientar nuestras vidas.

El dolor tiene una manera de llevar a los cristianos a sus rodillas en oración. Sea que uno ore por sus propias necesidades o interceda a favor de otros, el hecho de que Dios responde tales oraciones con sanidad ha sido certificado y confirmado por literalmente millones de personas. Una persona ora, el dolor se detiene. ¿Siempre? No siempre, pero con frecuencia lo suficiente para hacerme a mí, de una vez, un firme creyente en las oraciones por sanidad.

Durante la segunda Guerra Mundial serví durante un tiempo como capellán militar en un hospital: visitaba las salas diariamente, oraba con los soldados heridos que recién llegaban de los campos de batalla del Pacífico Sur, y les ofrecía las promesas de Dios y los sacramentos de la iglesia. Los creyentes cristianos tienen el más alto concepto y admiración por las personas involucradas en las profesiones de sanidad mental y física. Sin embargo, sabemos también que hay un ministerio más allá de la medicación para aquellos que nunca son sanados. Aún entre ellos, mientras hay vida hay esperanza. El Evangelio de Marcos describe a una mujer que había gastado todo su dinero en médicos y cuyo dolor había ido creciendo. Cuando la sanidad le llegó realmente, vino del Hijo de Dios.[5] Recientemente, fui sorprendido al leer la declaración: "La mayoría de las religiones más importantes han considerado necesario el dolor para acercarse a Dios". ¿Dónde pregunto yo, está ese concepto en La

Biblia? ¿Dónde existe un acuerdo evangélico sobre esto?

Mi amigo y posterior compañero de oración, el Capitán Harry Jenkins, fue un héroe de la guerra y gozoso y comprometido cristiano. Cuando fue baleado en Vietnam y luego subordinado a los horrores del "Hanoi Hilton", durante siete años alentó a sus compañeros prisioneros. Ahora, yo pregunto: ¿fue "necesario" que Harry estuviera sentado hora tras hora en su banco de tortura para que "se acercara más a Dios"? Qué absurdo. La verdad es que durante siete años un Dios amante estuvo cerca de Harry, lo sanó y lo trajo a salvo al hogar.

Lewis escribió que la doctrina cristiana del sufrimiento requiere rendimiento y obediencia. Esto significa que si no nos podemos quitar el dolor deberíamos simplemente aprender a soportarlo. Después de todo, las cosas podrían siempre ser peores. Pero, Lewis agregó algo bastante interesante.[6]

> La doctrina cristiana del sufrimiento explica, creo yo, un hecho muy curioso sobre el mundo en que vivimos. La felicidad establecida y la seguridad que todos nosotros deseamos, Dios la rehusa para nosotros desde la misma naturaleza del mundo; pero el gozo, el placer y el regocijo lo ha dispersado profusamente. Nunca estamos a salvo, pero tenemos mucha diversión y algo de éxtasis.

¡Amén! Hay otro importante punto de doctrina que yo agregaría. El comediante Flip Wilson algunas veces representó el papel de una joven mujer muy cómica llamada "Geraldine", que explicaba su forma extraña de actuar cuando decía "el diablo me hizo hacerlo". El error de "Geraldine" no estaba solamente en reconocer al diablo como un chiste, sino en negarse a aceptar la responsabilidad personal de su comportamiento.

Lo demoníaco está altamente relacionado como fuente en lo que a dolor se refiere, y siempre lo estará. Cuando una mujer encorvada vino a Jesús en un día de descanso para ser sanada, Jesús enderezó su espalda y la sanó, lo que trajo gran gozo a la mujer y a los que fueron testigos del milagro. El líder de la sinagoga que estaba presente se indignó, pero Jesús dijo: *"Y a esta mujer (...), que Satanás había atado dieciocho años, ¿no se debía desatar de esta ligadura en el día de reposo?*[7] Una respuesta a la pregunta retórica de nuestro Señor se encuentra en 1 Juan 3:8: *"Para esto apareció el Hijo de Dios, para deshacer las obras del diablo".*

Nosotros cristianos, nos sentamos junto a algún ser amado que está en dolor, o recibimos un llamado de la policía de que uno de nuestros seres queridos está en problemas y dolorido, y nos sentimos tentados a preguntar,: "¿Por qué todo esto nos está sucediendo a nosotros? ¿Cómo lo explicamos?" En momentos así parecería bueno escuchar la excusa demoníaca de "Geraldine". Satanás es cruel, y opera aún en nuestro medio, cada día, hora, minuto. Si hay un recurso que los cristianos tienen que puede desconcertar al diablo y perturbar sus maquinaciones, ese sería el tema de este libro: el gozo del Señor. Como escribió Pablo, no somos ignorantes de las maquinaciones de Satanás. Burlar al burlador parece ser una bien probada arma.

Finalmente, tenemos el ejemplo de los cristianos en dolor que han utilizado su condición para llevar a otros a Cristo.

Una amiga mía cristiana fue arrestada durante una demostración que se volvió violenta, y encerrada en la cárcel en una celda con los dos hombros dislocados. Mientras estaba en su catre con intenso dolor, una joven mujer, compañera de celda, se le acercó llorando.

"Perdóneme por molestarla" dijo, "sé que está dolorida, pero... sabe... recién he conocido a Jesús y quiero estar bien con Dios. He sido terrible. ¡Por favor, dígame cómo encontrar a Dios!"

"En ese momento" me contó mi amiga, "conocí el dolor, pero también conocí el gozo".

Tal vez, usted se esté preguntando: "¿Qué me puedo llevar para mí del gozo en todo esto? ¿Hay algo que pueda hacer si deseo entrar en el secreto de Jesús?" Sí, hay. Para los que recién comienzan, ir a una librería cristiana y conseguirse una Biblia completamente nueva. Comenzar a leerla en ambos, Antiguo y Nuevo Testamento, y subrayar tales palabras como gozo, deleite, regocijo y cantar, en cualquier parte donde las encuentre.

Tome especial nota de los últimos tres versículos del libro del profeta Habacuc, quien fue uno de los más grandes hombres de todos los tiempos. Escribió en los días en que Nabucodonosor conquistó Jerusalén (586 a.C.) y sus palabras se aplican directamente a nosotros en el día de hoy:

> *Aunque la higuera no florezca,*
> *Ni en las vides haya frutos,*
> *Aunque falte el producto del olivo,*
> *Y los labrados no den mantenimiento,*
> *Y las ovejas sean quitadas de la majada,*
> *Y no haya vacas en los corrales;*
> *Con todo, yo me alegraré en Jehová,*
> *Y me gozaré en el Dios de mi salvación.*
> *Jehová el Señor es mi fortaleza,*
> *El cual hace mis pies como de ciervas,*
> *Y en mis alturas me hace andar.*[8]

¡Qué contentamiento! ¡Qué profunda seguridad! La promesa es que aún cuando el sostén de la vida fracase, nuestra fe en Dios nos tiene caminando en los aires – alegres y con pie seguro.

Le sugiero que resuelva no quedarse sin hacer nada con ese dolor o problema que le está ocasionando tanta dificultad. Archívelo. No hemos sido puestos aquí para concentrarnos en nosotros mismos como hacen algunos animales, sino para servir al Señor y ayudarnos unos a otros. Trate de hacerse eco de las palabras del salmista que dijo: "*¡Hazme oír gozo y alegría!*"[9]

¿Qué es la felicidad?

La felicidad vuela demasiado velozmente.
> **Thomas Gray**

Ha llegado el momento de considerar cuidadosamente "la búsqueda de la felicidad", una expresión que se estableció como principio fundamental en la Declaración de la Independencia Americana. Tal "búsqueda" junto con "vida" y "libertad" es, por lo tanto, declarada como un "derecho inalienable" que el Creador ha dado sobre "todos los hombres".

Para millones de nosotros la felicidad es la estructura básica del sueño americano. Para algunos es un tipo de Nirvana materialista, que pone en lugar destacado tales atracciones como los vehículos deportivos y cruceros de lujo. Pero para otros la felicidad es mucho más que una sombra o vapor: es un hecho presente del diario vivir.

Como una meta de la vida, la felicidad parece difícil de remontar. Como una palabra, es una de las más magníficas y entusiastas de la lengua inglesa. Sacarla de nuestro vocabulario sería una pérdida terrible, porque el término "feliz" se

Jesús Ungido de Gozo

ha entretejido a sí mismo en nuestras conversaciones diarias.

No podemos alejarnos de la palabra. Su significado corriente lleva aún más que el resplandeciente, agradable sentimiento de alegría y deleite. Por lo tanto "feliz" es algunas veces utilizado para decir que algo es bueno y correcto, en contraste con lo opuesto: "Estoy feliz por la manera en que ha sucedido". "Un mejor arreglo los hará más felices". "Estaremos felices de hacer esto para usted". Algunas veces hasta se aplica incorrectamente en la descripción de un comportamiento compulsivo, como cuando un pistolero es llamado "disparador-feliz" o un cómico de "golpe-feliz".

Desde nuestro casamiento en 1987 Ruth y yo no hemos conocido otra cosa que la felicidad en nuestra relación, y sabemos de cantidades de parejas cristianas casadas que, si les preguntamos podrían ajustarse a esa misma declaración. Tales testimonios aparecen virtualmente desconocidos a los medios, principalmente porque las personas "felizmente casadas" no hablan demasiado sobre su vida juntos. Las noticias deprimentes que escuchamos y leemos diariamente vienen del choque de temperamentos incompatibles.

La felicidad puede encontrarse en cada segmento de la sociedad, en cada nación y cultura, rica y pobre, avanzada o subdesarrollada. Pareciera que las personas con menos dinero son más felices que los ricos, a pesar de la falta de comodidades personales que los vecinos de barrios privados encuentran indispensables. Ser pobre no impide a las personas ser felices, y ser rico no impide a las personas ser desdichadas.

Sin embargo, cuando tratamos específicamente de definir la palabra felicidad, encontramos desacuerdo. ¿Qué es? ¿Alegría? ¿dicha? ¿júbilo? Las definiciones de la palabra con frecuencia hacen pensar que todos tenemos una visión clara de la felicidad, cuando en realidad, nadie sabe exactamente qué es.

Aquí hay una de mis favoritas: "La felicidad es la mirada de uno que hizo dieta y que al llegar a su peso ideal se dirige a un restaurante". Juan Jacobo Rousseau expresó algo similar: "La felicidad es una buena cuenta bancaria, un buen cocinero y una buena digestión". Alguien ha dicho: "La felicidad nunca es dada por Dios, solamente es permitida por Dios". Otro, que la felicidad no es "obtener lo que quiero sino querer lo que obtengo". George Bernard Shaw escribió que "una vida de felicidad sería el infierno en la Tierra", y el poeta Edmundo Spenser creía que "aquí en la Tierra no hay felicidad segura". Schopenhauer, el desesperanzado filósofo, dijo que la felicidad es "simplemente alivio del dolor".

Los historiadores nos dicen que las palabras originales de la Declaración de la Independencia Americana, los "derechos inalienables" garantizados por el Creador fueron "vida, libertad y propiedad". Cuando se hizo la objeción por uno de los delegados de las Colonias, Thomas Jefferson cambió la palabra "propiedad" a la frase final "la búsqueda de la felicidad". Pero como dijo el escritor de Nueva Inglaterra, Natahiel Hawthorne: "Cuando la felicidad es el objeto de nuestro seguimiento nos lleva a una cacería de gansos silvestres y nunca se obtiene". Todos quieren ser felices, pero no muchos llegan a la Isla de Bai; y cuando llegan, resulta que con frecuencia han llegado justamente a otra isla".

Parecería que Aristóteles, el famoso estudioso griego buscó en su tiempo (384-322 a.C.)[1] y eligió para definir la felicidad (*makarios*) como "la más noble y placentera" de todas las metas humanas, para ser preferida mucho más que la ambición, obligación, autodominio o perfección. Equiparó la felicidad humana con la excelencia y magnificencia. ¡Espléndido! Pero cuando comenzó a describir su hombre de mente grandiosa, excelente, magnífico, me perdió. Escuchen esto:

> "Él [el hombre feliz] es su propio mejor amigo, y piensa que nada hay importante.
> Aún está encendido con imaginación, dado que no hay nada grandioso a sus ojos, excepto, por supuesto, él mismo, a quien valora altamente. Él justamente se estima a sí mismo en el más alto índice posible. Desea ser superior. Su desprecio por los otros lo hace un hombre osado. Busca honor a través de la virtud y excelencia, y está dispuesto a hacer a los hombres servicio, pero se avergüenza de que se lo sirva a él".

¿Y se supone que este pedante sea feliz?
El autor francés Blas Pascal (1623-1662) escribió: "Todos los

hombres buscan la felicidad. Esto sin excepción. Cualquiera sean los medios que utilicen, todos tienden hacia ese fin. Es el motivo de todo ser humano, aún de aquellos que se ahorcan".[2] Amo a Pascal. Fue un cristiano y brillante científico. Inventó la máquina de sumar, que luego se desarrolló hacia la computadora. Sus "Cartas provincianas" son algunas de las piezas más graciosas que jamás se compusieron por un creyente reconocido. Pero cuando relacionó la felicidad con el fin de un ahorcado, tal vez fue un poco brusco.

El profesor William James (1842-1910), el distinguido psicólogo de Harvard y autor de *Variedades en las experiencias religiosas*, escribió: "Si vamos a hacernos una pregunta, '¿cuál es la principal preocupación de la vida humana?' una de las respuestas que recibiríamos sería, 'es la felicidad'. Cómo lograrla, mantenerla, recuperarla es para la mayoría de los hombres el secreto de todo lo que hacen".[3] Desdichadamente, el profesor falló en darnos indicaciones precisas para lograrla, mantenerla y recuperarla.

Por lo tanto, la felicidad para nuestros sabios parece distante, un deseo inalcanzable. Es como el conejo mecánico que los galgos siempre persiguen y nunca alcanzan. Algunos dicen que si existe en alguna manera es momentánea, transitoria, frágil, inestable e inconstante.

Tal vez, por esa razón la mayor parte de la literatura desde Homero a Hemingway está dedicada a presentar al lector no una atractiva exposición de la felicidad humana, sino con una mezcla de penas humanas y angustia. La escena literaria se dispone a mostrar que aún cuando las herramientas comunes para lograr la felicidad (tales como belleza, riqueza y poder) están al alcance de su mano, los recipientes encuentran que la felicidad se escapa y sus vidas están llenas de amargura y lamento. O es eso, o se destruyen a sí mismos buscando alguna imaginaria "Moby Dick".

Como en la vida, así en la literatura. Las hermosas excepciones literarias que haría son las novelas inglesas del siglo XIX, que siempre cierro (con la excepción de George Elliot) con un sonar feliz y jubiloso de campanas de bodas. Pero las novelas son ficción, y los más grandes novelistas con cuyos trabajos estoy familiarizado –aún humoristas tales como Mark Twain– parecen en lo personal ser algo malhumorados y huraños.

¿Qué es la felicidad?

Cuando miramos el origen de la palabra "felicidad" encontramos que no es una palabra bíblica. Viene de una raíz germánica, *hap* o *happ*. Esta raíz llevaba el significado específico de "buena fortuna", "oportunidad" o "suerte en la vida". Nuestras palabras actuales "tal vez", "quizás", "acontecimiento", "suceso feliz" o "afortunado", todas son derivadas de la misma raíz, "felicidad".

Originalmente, entonces, la felicidad simplemente significaba lo que ocurre: "lo que la suerte trae". Pero eso no es lo que las personas en el mundo de habla inglesa entienden hoy. La felicidad no depende necesariamente de las circunstancias, ni es producida por ellas. "Suerte" y "oportunidad" pueden ayudar a crear condiciones de felicidad, pero no son en sí mismas felicidad.

Sigmund Freud (1856-1939), considerado el padre de la moderna psicología, hizo una notable declaración en sus *Conferencias introductorias sobre el psicoanálisis*. Dijo: "Pareciera que nuestra actividad psicológica total está dedicada a procurar el placer y evitar el dolor, que está automáticamente regulada por el principio-de-placer"[4]. El Dr. Freud fue lo suficientemente sabio para no discutir la felicidad, dado que limitaba su interés a los desórdenes nerviosos, pero es obvio que el "principio-de-placer" tiene la misma meta que Thomas Jefferson tuvo cuando agregó "la búsqueda de la felicidad" a la Declaración de la Independencia. Aún los neuróticos quieren ser felices.

Sócrates, el más grandioso filósofo de los griegos, tenía un amigo llamado Aristipo, un africano de Cirene. Este hombre parece haber reducido la felicidad a las dimensiones de un cronómetro. Se registra que dijo que la felicidad es simplemente "el placer del momento" – y agregó, "eso es todo lo que cuenta".[5]

Ciertamente que somos felices cuando completamos un gran trabajo, o cuando las noticias de que nuestro candidato ha sido elegido, o cuando el correo electrónico nos dice que un hermoso bebé ha nacido. ¿Quién de nosotros no está feliz de ver a un nieto correr alegremente a sus brazos? Aristipo tenía algo para decir. Un hermoso tiro de golf me hace sentir grandioso – hasta que hago el siguiente. Así que, cuando viene un tiempo de felicidad, decía Aristipo, disfrútelo en su totalidad, pero no cuente con horas extras.

Cuando finalmente dejamos la discusión de la felicidad para

Jesús Ungido de Gozo

considerar el gozo del Señor, encontramos algo muy diferente. Como dice Robert Louis Stevenson: "Perderse el gozo es perderse todo". Viene a nosotros desde el cielo y arrastra nubes de gloria, y fluye a través de nosotros hacia otros desde pozos profundos dentro de nuestras propias almas. Este gozo es el segundo fruto de Espíritu Santo.

Billy Sunday declaró una vez: "Si usted no tiene nada de gozo, en alguna parte de su cristianismo hay una fisura". El gozo del Señor no es algo que se desvanezca cuando llega un telegrama urgente o nos resbalamos en el hielo por el camino. El gozo es constante. Se queda y permanece ante los sacudones de la vida porque Dios también se queda. En tales tiempos ¿dónde más podríamos ir?

Dostoievski en su famosa *Leyenda de un inquisidor* citó que Jesús nunca le prometió a las personas que iban a ser felices; en lugar de eso dijo, "los haré libres".[6] El inquisidor insistía que la gente no podía manejar la libertad; sino que preferirían una organización que eliminara la libertad para sentirse felices. Para aquellos de nosotros que hemos proclamado que Jesús es nuestro Salvador y Señor, Él nos trajo algo mejor que la felicidad. Nos trajo libertad, pero también gozo, y el gozo es Él mismo. Él es nuestro gozo. Él nos dejó estas hermosas palabras, dadas en primer lugar a sus discípulos: *"Estas cosas os he hablado a vosotros, para que mi gozo permanezca en vosotros, y vuestro gozo sea cumplido"* (Juan 15:11)

La felicidad en sí misma todavía es algo deseable. En nuestro mundo caído necesitamos toda la felicidad que podamos tener, aún aunque tenga corta duración. Pero es mejor no sentarnos por ahí a esperarla o perder el tiempo "persiguiéndola". La felicidad aparece con frecuencia cuando menos la esperamos.

Déjenme que les siga deseando feliz cumpleaños, feliz año nuevo, felices vacaciones, y todas las otras felices experiencias. Pero hay un deseo más profundo en mi corazón: que el amor de Dios en Cristo Jesús pueda ser derramado en nuestros corazones por el Espíritu Santo y que Él lo bendiga con gozo, verdadero gozo, maravilloso gozo, no hoy, no mañana, sino siempre.

La vida tiene sus altibajos, da vueltas y "revueltas". Quiera Jesús ver en su vida que tiene rápido y fácil acceso hacia la melodía y el júbilo, a pesar de todo, porque en verdad *usted* es el gozo de Él.

Los panqueques de Dios

*Hasta que usted no pueda cantar,
regocijarse y deleitarse en Dios...
nunca disfrutará del mundo.*
> **Thomas Traherne**

El Salmo 37 es una de las más hermosas piezas de escritura que el mundo jamás haya visto. Tuvo un efecto sorprendente sobre la nación británica después de que Winston Churchill lo citó durante la batalla de Bretaña en 1940. Nosotros que encontraremos el gozo del Señor necesitamos reflejarnos con frecuencia en ellas: *"No te impacientes a causa de los malignos (...) porque el Señor se ocupará de ellos"* (Churchill lo citó de la versión King James: *"¡No se irriten!"*).

Pero la vida debe ser enfrentada cada mañana, y es un hecho que mientras el mundo entra en un nuevo milenio (allí mismo inconscientemente honrando el nacimiento de Jesucristo), enfrentamos incontrolables horrores peores que cualquiera de los que la legendaria Pandora jamás haya dejado salir de su caja.

Aún así, nosotros que somos mayores extendemos aún más la mirada. Llevamos en nuestra cabeza la memoria de los oficiales soviéticos

Jesús Ungido de Gozo

que continuaban amenazándonos durante los años '40, y '50, y '60 y '70 con la bomba que nuestros mismos traidores nos habían robado y entregado a ellos. Recordamos a Stalin, Litvinov, Molotov, Vishinsky, Beria (cabeza de la KGB), Brezhnev y Khruschev (el que vino a nuestras costas y nos dijo "los enterraremos"). ¡Cómo temíamos escuchar sus burlas! Pero, ¿dónde están ellos hoy? ¡Se han ido! ¡Puf! Así que le damos gracias a Dios y tomamos coraje, y nos negamos a dejar nuestra serena creencia en la bondad de Dios.

Durante los días escolares yo me irritaba por un montón de otros muchachos que se transformaban en héroes atléticos y eran admirados por todos, y a mí me miraban como debilucho e insignificante. ¿Saben qué les sucedió a todos esos musculosos héroes del fútbol americano? Casi todos ellos están muertos. Aún mis enemigos están muertos, y yo todavía sigo aquí. Admirable.

Mire el versículo 3 del Salmo 37: *"Confía en Jehová, y haz el bien; y habitarás en la tierra, y te apacentarás de la verdad"*. Esa es una palabra para todos nosotros, porque todos debemos ser buenos ciudadanos. Debemos hacer lo correcto. Jesús nos dijo que hiciéramos buenas obras. Eso es lo que se espera que hagan los cristianos.

Pero ese no es secreto del poder del Evangelio; eso solamente es lo que se supone que debemos hacer. Es existir, no vivir. Es nuestra obligación con Dios y la sociedad. Algunas veces no es tan divertido, pero debe ser hecho. Alguien tiene que traer la comida y sacar la basura.

Ahora miremos el versículo cuatro: *"Deléitate asimismo en Jehová y él te concederá las peticiones de tu corazón"*. Resulta que ese es uno de los versículos más importantes de La Biblia. La palabra "deleite" quiere decir "gózate". Esa es la meta secreta que la mayoría de los seres humanos buscan. Esa es la perla de gran precio, el tesoro escondido en el campo.

La Biblia dice que debemos amarnos unos a otros (Romanos 13:8). ¿Por qué debemos amarnos? ¿Es porque somos amorosos? No, es porque Dios es amor.[1] Él no creó el amor, Él *es* amor. Y nosotros tenemos que amar porque Él nos dijo que lo hagamos, y porque ese es el camino al gozo, y eso es lo que realmente todos deseamos. Puedes tener amor sin gozo, pero no puedes tener gozo sin amor.

Los panqueques de Dios

Pero este versículo en el Salmo 37 se cuida muy bien de decir que debemos *deleitarnos* a nosotros mismos *en el Señor*. ¿Por qué? Porque, dice, Él entonces nos dará los deseos de nuestros corazones.

¿Para qué vivimos? ¿Qué es lo que deseamos de la vida que nos mantiene andando? ¿Es el dinero? ¿El sexo? ¿Ropas lindas? ¿Viajes? ¿Alivio del dolor? ¿Seguridad? ¿Una propiedad? ¿Un vehículo deportivo? ¿Es poder vengarnos de alguien que nos ha herido? No, estos son solamente medios de un fin. Son estaciones intermedias del camino de algo que usted desea – o piensa que desea.

Mantengámonos en este rumbo: ¿Cuáles son los deseos de nuestros corazones? Esto es lo que algunas personas dicen: "Quiero que 'fulanito de tal' me quiera. Quiero que me asciendan en el trabajo. Deseo que me transfieran a otra tarea. Quiero el dinero para ir a la Universidad. Deseo una iglesia propia con ochenta por ciento de diezmeros. Quiero escribir un libro de éxito sobre Jesús y luego conseguir que alguien haga la película. El deseo de mi corazón es encontrar alguien que se case conmigo y me trate bien. El deseo de mi corazón es que mi familia me ame. El deseo de mi corazón es hacer algo con mi vida, para servir a mi país y a mi Dios".

Pero ¿cómo hago para lograr tales cosas? Nos dice justamente aquí. No hay tal cosa como "ir hacia". No hay nada que tengamos que hacer, simplemente *"deleitarnos en el Señor, y Él nos dará los deseos de nuestro corazón"*. Enamórese de Él. Adórelo. Hable con Él. Escúchelo. Entréguele su testimonio. Él es un Dios amoroso y lo ama tanto que envió a su Hijo para morir por sus pecados sobre la cruz del Calvario, y hacer posible que usted viva con Él en las mansiones celestiales.

Pero, aquí está el punto. Cuando usted comienza a "deleitarse en el Señor", algo va a suceder a una gran cantidad de esas metas que una vez fueron "el deseo de su corazón". Hoy muchos que ganaron una medalla olímpica de oro descubren que con el paso del tiempo, el oro pierde su brillo. La fama es efímera. Las medallas se guardan silenciosamente en una bolsita de lienzo y la vida continúa. El mismo principio se aplica a cada uno de nosotros. Se llama "madurez" o "creciendo en todas las cosas" a "la estatura de la medida de Cristo". En forma gradual Dios purificará y reformará nuestros deseos

Jesús Ungido de Gozo

de manera que ya no parecerán más importantes, mientras que otras metas que Él nos da toman fuerza maravillosa y milagrosamente.

No hace demasiado tiempo un grupo de personas que se llamaban a sí mismas "Puertas del Cielo" cometió un suicidio en masa; pensaban que de ese modo viajarían en un cometa a un "próximo nivel" donde descubrirían el gozo que no pudieron encontrar aquí. Malos medios, mal fin.

¿Cuál es el fin que usted busca? Seguramente es muy parecido a lo que todos nosotros buscamos: una vida llena de buena salud, mucho amor y libertad para actuar. Los esfuerzos que hacemos para llegar a la cima de nuestro medio ambiente (y algunos de nosotros trabajamos realmente duro), todo el dinero que tratamos de guardar y las luchas que atravesamos al criar a nuestros hijos, todas nuestras donaciones a causas que lo merecen – en todo esto, ¿qué buscamos? Seguramente no es orgullo. Ni ambición. Ni venganza. Ni lujuria. Para millones de personas el fin real es simplemente el gozo. Sin embargo, con cuánta frecuencia buscamos atajos y empleamos los medios equivocados, ¡y ahí lo perdemos todo! Nuestra pequeña flor nace y "gasta su fragancia en el aire del desierto".

Esa es la manera que Dios hizo el universo. En Apocalipsis 4:11 encontramos que Él hizo la creación para su propio placer. La diseñó como un engranaje de relojería. Él tenía un plan –un plan para sí mismo y para nosotros– y todo debía ser para regocijo. Habrá habido una sonrisa en el rostro del Padre cuando estableció este planeta en particular en su órbita para nosotros. Hizo un trabajo excelente. Entonces, creó un hombre hermoso y una mujer hermosa para su propio deleite, y los puso en el jardín y dijo: "Gócense". Hablando de propósitos en la vida: ese era el propósito. ¡Aleluya!

Bien, ¿qué sucedió? Ustedes saben qué pasó. Usted es un pecador, tal como yo. Nuestros primeros padres fueron desobedientes al propósito celestial. Se desviaron del camino porque querían poder. "¡Seréis como dioses! Tendréis el conocimiento del bien y del mal."[2]

Pero ese no es el gozo. El gozo ya estaba allí, y lo destrozaron. Es muy triste, porque ahora tenemos este problema del pecado, y nuestro planeta está obviamente bajo maldición. Y sin embargo, en

Los panqueques de Dios

medio de todo nuestro dolor y sufrimiento y guerras, Dios no nos ha abandonado. Nos miró con compasión en nuestras dificultades y temores y parece que nos ha dicho: "Voy a ayudar a estas personas. Voy a enviar a mi Hijo allí abajo, y Él les enseñará sobre mi propósito original en la creación". De todas maneras envió a Jesús para que estuviera con nosotros – su único Hijo, a quién Él amaba tan tiernamente. El Padre, que todo lo sabe, sabía que su Hijo sufriría y moriría a nuestro favor, pero igualmente lo envió. De esta manera, en una forma que únicamente la Trinidad puede explicar, fue Dios mismo que vino.

Y Jesús caminó los polvorientos caminos de la Tierra con una sonrisa en su rostro, como su Padre. ¿Sabía usted que Dios tiene una sonrisa en su rostro? Es una vergüenza que en nuestras iglesias haya cuadros, estatuas e íconos de Jesús, pero nunca lo muestran sonriendo. Si usted va a Río de Janeiro verá esta magnífica estatua sobre la cima del Corcovado, que mira hacia la ciudad. Es el Cristo Redentor con sus brazos extendidos, pero no está sonriente. Se lo ve muy triste.

Cuando leo mi Nuevo Testamento descubro que Jesús fue en primer lugar y antes que nada un hombre de gozo. Dijo: "Tengo buenas noticias. Tengo alegres nuevas de gran gozo". ¡El reino de Dios es un reino de gozo![3] Eso es lo que Jesús les contaba a la gente cuando pasaba, levantaba sus ánimos cuando decía: "¡Tengan gozo! ¡Tengan gozo!"

¿No les hubiera gustado estar allí en Galilea? Imagínense que abordamos un 747, volamos hacia Palestina, y aterrizamos allí ¡en el aeropuerto de Nazaret! Luego caminaría sobre los montes hacia el mar de Galilea, y simplemente se quedarían al costado de la multitud que se reunía alrededor de un Hombre. Y pudiera entender el idioma que Él hablaba. Les preguntarían a alguien: "¿Qué es lo que pasa?" Y respondería: "Es Jesús y hace unos pocos minutos detuvo una procesión de un funeral, abrió el cajón y le dijo al hombre que se sentara". Y de pronto escucharía un gran grito de la gente: "¡Otro milagro!"

Entonces, tal vez usted escucharía un pandero, un tambor, y luego las personas comenzarían a aplaudir. Solamente imagínese, mientras usted está de pie al costado de la multitud al lado del mar, que Jesús lo viera. Diría: "¿Ven a esa persona allí? Quiero que venga aquí. ¿Le hacen lugar, por favor?" Y la multitud completa se abre y usted pasa adelante. Él se le acerca y toma su mano, lo llama por su nombre, el nombre que su padre le ha dado. ¿Cómo se sentiría? ¿Se sentiría pletórico de gozo, de éxtasis, de júbilo, porque el Hijo de Dios lo haya llamado? De modo que entonces, Él y la multitud se moverían y usted iría con ellos. Y usted iría de lugar en lugar y Jesús sería su amigo. ¿No es eso lo que usted está buscando?

Él lo llama hoy. Está aquí, lo llama por nombre, y le dice: "¡Sígueme!"

Jesús vino para traernos gozo, entre otras cosas, y es por el gozo futuro que fue a la cruz. Está en Hebreos 12:2: *"..el autor y consumador de la fe, el cual por el gozo puesto delante de él sufrió la cruz, menospreciando el oprobio, y se sentó a la diestra del trono de Dios".*

Hace no mucho tiempo estaba en una estación de radio en un programa en que se pueden hacer preguntas, en Colorado Springs, y un joven llamó con una curiosa declaración. Dijo: "Me hice cristiano hace un año, y he estado yendo a la iglesia, pero siento que hay una fiesta de la que me quedo afuera". ¿Saben de qué hablaba? Hablaba del capítulo quince de Lucas.

En esa parábola el joven que había sido un pródigo regresaba a su padre. Cuando volvió, ¿qué hizo el padre? Su hijo le había pedido el dinero que el padre le había dado de su herencia, y lo había gastado. Era justamente un hijo-no-bueno, un desagradecido o algo así. Regresó y dijo en efecto: "Padre, ya no soy digno de ser llamado tu hijo; hazme como uno de tus jornaleros. He gastado mi capital en mal vivir y no soy bueno."[4]

¿Y qué hizo el padre? En primer lugar, lo besó. Fue a alcanzarlo al camino antes de que llegara a la casa, y lo besó. Luego le puso una túnica para cubrirlo, y un anillo en su dedo, y sandalias en sus pies. Lo trajo a la casa y dijo: "Matad el becerro gordo, vamos a tener una fiesta". Y pidió música y danzas, y el Libro dice: "Comenzaron a regocijarse"[5]

¿Regocijarse? Sí. Esa es la palabra que usa Jesús. ¿Es esta una descripción ajustada de la iglesia? E. M. Forster, el brillante novelista inglés, probablemente no fue un creyente, pero ha dejado una crítica de lo más inusual a la iglesia. Escribió: "El cristianismo ha eludido el regocijo".[6] Mi propia experiencia está de acuerdo con él. Pero, ¿por qué tiene que ser así? El regocijo es una parte de la buena vida que Jesús nos ha prometido. ¿Por qué los cristianos tenemos que dar nuestras espaldas y establecer reputaciones solemnes de dignidad y gravedad que tan frecuentemente resultan en pomposidad? ¿Dio nuestro Señor lugar a la taciturna ceremoniosidad? ¿O entretejió su vida con un toque alegre?

Cuando Jesús describe al padre en esta parábola, realmente hablaba de Dios, ¿no es así? Si no, ¿por qué otra razón nos relató la parábola? Pero, ¿de dónde sacó la idea que Dios iba a pedir música y regocijo y danza? Hay un sólo lugar: la obtuvo en el cielo. Así va a ser el cielo. Mejor que aprenda a aplaudir, porque habrá mucho regocijo en el cielo. No estoy seguro qué tipo de regocijo habrá, pero va a haber mucho gozo en los cielos porque de eso se trata el cielo: del gozo.

Pero parece que el joven pródigo tenía un hermano mayor, y que había trabajado con guadaña en los campos, y que regresó a la casa goteando la transpiración y dijo: "¿Qué es todo este ruido? ¿Y esté ritmo con los pies?" El padre dijo: "Hijo, tu hermano ha regresado a casa".

"¿Y qué? ¿Por eso es que mataste el becerro gordo? ¿Por eso mandaste hacer toda esta celebración?"

"Sí, porque ha regresado a casa, y el perdido es encontrado, y el muerto ha regresado a la vida".

"¿Ese muchacho inútil? ¿Ese *hippie*? ¿Ese *beatnik*? ¿El que corría prostitutas? Nunca hiciste nada como eso para mí. Nunca me diste un nuevo saco o un anillo de oro. ¡Nunca mataste un becerro para mí! Oh, no, yo puedo hacer mi danza con la guadaña, tú me has tenido allí afuera en el calor que me quemaba la cabeza, y por este fulano das dinero, y cuando él desbarata todo, le haces una fiesta".

El padre dijo: "Hijo, escucha, todo es tuyo. Todo lo que tengo te pertenece. Entra, participa de la fiesta".

"No. Oh, no. No, esto no es justo. No es correcto".

La salvación nunca tuvo la intención de ser justa. No somos

salvos por justicia. Como aquel irlandés que estaba muriendo y le dijeron: "Vas a recibir tu justa recompensa". "¡Justicia!... eso es lo que no deseo! ¡Deseo misericordia!"

Nuestro Dios es Dios de misericordia[7]. Y este muchacho que llamó al programa de radio estaba como este hermano mayor. Dijo: "Hay una fiesta y me dejan fuera de ella".

Hay cristianos hoy –sustanciales, con oficio– que se han vuelto hermanos mayores. Escuché de un diácono, de 60 años que, decían, había sido diácono durante 40 años y era tan duro como el día que había sido ordenado. No se daba cuenta que, como dijo Francis Schaeffer: "Dios tuvo la intención de que el cristianismo fuera alegre".[8] ¿Eso es lo que le falta a usted? ¿Los panqueques de Dios? Me pregunto muchas veces si la iglesia en su totalidad en lugar de ser la esposa de Cristo, en realidad se ha vuelto en el hermano mayor y aguafiestas, mientras el resto de la humanidad allí afuera en los estadios deportivos parecen ser los pródigos de la parábola.

La gente me dice que el cristianismo tiene que ver con el sufrimiento, no con el gozo, porque Jesús sufrió y murió en la cruz. Pero, ¿qué fue lo que lo hizo sufrir? ¿Qué hizo de él un varón de dolores? *Nuestros pecados* lo hicieron sufrir. Le pusimos una corona de espinas sobre Él y le dimos latigazos, y lo castigamos sobre la cruz por algo que Él no hizo.

Pero Jesús no se quedó en la tumba. Salió de la tumba la mañana de Pascua. Y ¿cuál fue la primera palabra que habló en la mañana de Pascua a María (Mateo 28:9) al salir de la tumba? ¿La recuerdan? Fue *chairete*, que quiere decir "!Regocijáos!" Jesús iba camino de su gozo, y cuando se fue en una nube, sus discípulos no lloraron. Estaban llenos de gozo. ¿Tiene usted el gozo de la resurrección? ¿Le gustaría deleitarse a sí mismo en el Señor? Usted puede.

El secreto para ser radiante

*Entonces, en una hora de tal necesidad
de nuestra debilitada, descorazonada carrera,
ustedes, como ángeles, aparecen
¡radiantes de ardor divino!*
> **Mathew Arnold en la Capilla Rugby**

Radiante para mí no son las ondas de calor del hogar o radiador. Más bien es una cualidad del gozo, muy parecida al gozo que era y es una cualidad de Jesús de Nazaret, el Hijo de Dios. Al comenzar su ministerio a los 30 años de edad, este joven hombre mostró tal resplandor de espíritu que a la gente común de su época le costó mucho resistir. Había un ánimo a su alrededor, una libertad y apertura, sí, y un regocijo y júbilo mientras Él hacía la voluntad de su Padre. Los hombres, mujeres y niños todos lo encontraban atractivo, algunas veces en contraste con otros modelos religiosos.

Jesús nunca negoció sobre su personalidad. No recibió honores ni se anticipó gloria excepto el rol de siervo. La mayor parte del tiempo no quería hablar de sí mismo. En lugar de eso preguntaba: "¿Quién dice la gente que soy?" Buscaremos en vano expresiones de parte de Él tales como "mi poder", "mi sabiduría", "mi significado", "mi reverencia" o "mi santidad".

DIECIOCHO

Jesús Ungido de Gozo

No mencionó ni una sola de las características de sí mismo valiosas para examinar. En Juan 15 y 17 habló de "mi gozo". No era un honor que Él merecía o desarrollaba; era simplemente parte suya que traía desde los cielos. Mientras se dirigía al Padre en la grandiosa oración de Juan 17, Jesús dijo: *"Pero ahora voy a ti; y hablo esto en el mundo, para que tengan mi gozo cumplido en sí mismos".*[1]

"Mi gozo". Si usted se preguntara qué fue lo que dio al rostro de Jesús tal resplandor que instintivamente atraía todo tipo de hombres, mujeres y niños hacia sí, pueden encontrar una pista aquí. Su gozo no fue un atributo o característica de Él tanto como que era un tipo de radiación de sí mismo. Por lo tanto, ¿por qué eligió el gozo entre muchas otras cosas para enfatizarlo? No puedo pensar en ninguna otra razón para hablar de "mi gozo" mas allá del hecho de que habrá sido por sí mismo una persona radiante, llena del Espíritu.

Henry Alford, decano de Canterbury y recopilador del Nuevo Testamento griego, cree que cuando Jesús habló de "mi gozo" se refería no a su camaradería con los discípulos o su regocijo en el medio ambiente palestino. Sino más bien que reflejaba "su santo júbilo en el amor de su Padre".[2] Su gozo era "el gozo del Señor" que el profeta Nehemías en el Antiguo Testamento declaró "es nuestra fortaleza". Viene a nosotros como un gozo interior que irradia desde Dios y permanece intocable aún en los peores tiempos. Lo mantuvo a Jesús que resplandecía con buen ánimo dondequiera que le tocara estar, aún mientras un barco se hundía.

Esta cualidad "mi gozo", fue lo que Jesús vino a traernos a *nosotros* como un complemento de nuestra salvación. Él dijo explícitamente en Juan 15: *"Estas cosas os he hablado para que mi gozo permanezca en vosotros, y vuestro gozo sea cumplido".* Una vez que su gozo está implantado en nosotros, dijo que Él desea que se transforme en propio, nuestra única y permanente posesión. Así cambia a algo que no puede ser quitado de nosotros tanto como el gozo de Jesús tampoco le fue quitado. Él quiere que irradiemos gozo como Él irradió gozo, y desea que nuestro gozo sea *completo*. Quiere que sea jubiloso, regocijado, alegre, rebosante, que se derrame.

No ofensivo, por supuesto; ni ¡oh-tan-divertido!, o un disfraz de payaso con sonrisa pintada, sino real, vigoroso y contagioso, un toque vivaz capaz de reanimar el espíritu de la gente en medio de situaciones duras.

Arthur John Gossip nos dice que en el libro de los Hechos los discípulos adquirieron el gozo de Jesús, que "siempre sus ojos estaban brillando, siempre sus corazones danzaba y estallaban en puro deleite por lo que habían encontrado – el esplendor y el gozo por ello. Inventaban nuevas palabras, superlativos. Pero al final francamente confiesan que no tenían la más mínima idea de esto"[3].

Quiero un resplandor como ese. Me uno con Oswald Chambers al decir: "Quiera el Señor mantenerme radiante y gozosamente suyo". Aquellos que me conocen pueden preguntarse por qué en lugar de pedirle a Dios que me dé "resplandor" no le pido que haga algo acerca de mis obvios propios defectos de personalidad. Lo siento, pero es demasiado tarde. No hay mucho que pueda hacer sobre mis errores de personalidad. Eso no quiere decir que no pueda hacer los esfuerzos para ser una persona más amigable, y todo eso. Pero para llegar al cielo estoy dependiendo únicamente de la sangre de Jesús y la admirable gracia de Dios, que me ama y entiende mi difícil situación.

¿Quisiera usted tener un brillo radiante? ¿Le gustaría que la iridiscente gloria del Espíritu Santo sea visible sobre su rostro para que pueda reflejarse en aquellos con los que usted se encuentra? Ese es un pedido grande, y podría hacernos bien mirar con atención lo que La Biblia quiere decir por "radiante".

Esa palabra se encuentra con frecuencia en la versión NVI. En Éxodo 34:29 leemos, "Cuando Moisés vino del Monte Sinaí con las tablas del testimonio en sus manos, no sabía que su rostro estaba radiante porque había hablado con el Señor". *La Biblia Viviente* también usa la palabra "irradiar" para describir el rostro del Señor Dios mismo. Una famosa bendición que Dios dio a Moisés y Aarón contiene las palabras: *"Jehová te bendiga, y te guarde; Jehová haga resplandecer su rostro sobre ti, y tenga de ti misericordia; Jehová alce sobre ti su rostro, y ponga en ti paz. Y pondrán mi nombre sobre los hijos de Israel, y yo los bendeciré"* (Números 6:24-26).

Todas las versiones del Evangelio de Mateo dicen que cuando Jesús ascendió al Monte de la Transfiguración su rostro "resplande-

Jesús Ungido de Gozo

cía como el Sol". El decano Alford sugiere que el rostro de Jesús estaba "iluminado con resplandor de ambos: el interior y el exterior".[4] ¿Estaba sonriendo? El relato no lo dice.

En el diccionario Random House la palabra "irradiación" aparece con dos significados. Uno tiene que ver con la luz y es un efecto cálido, de brillo. El segundo tiene que ver con el gozo y la esperanza, como en una "sonrisa radiante" y un "radiante futuro".

En el nacimiento de Jesús la luz del cielo creaba una radiación que parece que rodeó siempre la época de Navidad desde los primeros siglos. Las estrellas brillaron sobre los pastores en los campos fuera de Belén mientras cuidaban sus rebaños, y los ángeles trajeron nuevas de gran gozo y paz. Luego, la luz de esa estrella en particular guió a los magos u "hombres sabios del Oriente" que cruzaron el desierto para encontrar el lugar donde estaba el niño Cristo.

Vale la pena preguntar por qué la Navidad (a pesar de algunos modernos intentos de eliminarla de la cultura estadounidense) es universalmente la fiesta más popular en el calendario. Debido en gran parte a las labores de misioneros del pasado y del presente, se celebra hoy más que nunca, no solamente en los países occidentales, sino también alrededor del mundo.

Les diré qué es lo que hace popular a la Navidad: es el resplandor que viene del rostro de Jesucristo. Año tras año Jesús continúa derramando un brillo radiante sobre la época de la Navidad. Él es la línea divisoria entre la bondad y maldad de la vida. Expresamos esa verdad cuando cantamos canciones e himnos, enviamos tarjetas postales e intercambiamos presentes, asistimos a servicios especiales de la iglesia y reuniones familiares. El gozo de la Navidad es muy real, aún cuando muchas personas se las arreglan para no festejarla.

Algunos usos fascinantes de la palabra "radiante" se encuentran en el Antiguo Testamento, la sulamita, en el Cantar de los Cantares, describe a su amante como "radiante y encendido". El Salmo 19 habla de las órdenes del Señor como "radiantes". Y Ezequiel en su gran visión ve la tierra de Israel como "radiante con su gloria".

Simplemente una mirada a las pocas palabras comúnmente asociadas con "radiante": copioso, exultante, éxtasis, regocijado, alegre, embelesado, eufórico, jubiloso, jocundo, alborozado, feliz, contento, animado, hilarante. Las encontrará todas en La Biblia en inglés en una traducción u otra.

En un momento especial durante su ministerio Jesús declaró: "Yo soy la luz del mundo. *El que me sigue no andará en tinieblas, sino que tendrá la luz de la vida*" (Juan 8:12). Una confirmación de tal aseveración se encuentra en la carta a los Hebreos: "*El cual siendo el resplandor de su gloria, y la imagen misma de su sustancia*" (1:3). Un claro mensaje de todo el Nuevo Testamento es que ¡el resplandor de Jesús ha descendido, y está disponible para nosotros! Pablo escribió a la iglesia en Éfeso que Cristo mismo anticipó una "iglesia resplandeciente".

Ha sido mi privilegio adorar a Dios en iglesias de seis continentes: Asamblea de los Hermanos en Nueva Zelanda; en una cabaña en las Islas Aleutianas; en casas de reunión pintadas de blanco en Nueva Inglaterra; en una iglesia de cartón en una ciudad de Oregón donde la cena del Señor se servía en vasos de whisky; catedrales gigantescas Romanas, Anglicanas y Ortodoxas rusas de Europa; iglesias misioneras en Samoa y Yukon; iglesias Presbiterianas en Brasil, Corea y Sudafrica; iglesias indígenas en las islas de Jamaica y St. Lawrence; en un rascacielos en Hong Kong.

¿Encontré resplandor en estas iglesias? ¡Sí! Pero déjenme decirles sobre un hombre en una iglesia particular en el sur de California. Esta iglesia es conocida en todo el mundo como la Capilla Calvario. Ubicada en la parte baja de la Costa Mesa en el lugar que una vez fue llamado "El pantano evangélico", la iglesia tenía una membresía de 25 en 1970, cuando llamaron como pastor a un predicador del Evangelio Cuadrangular, llamado Charles Ward Smith. Hoy 35.000 personas pasan por sus edificios cada semana.

El Sr. Smith, conocido en todo el mundo como "Chuck", había dejado el ministerio en sus épocas de joven, desalentado, y se había dedicado a limpiar alfombras y edificar casas. Al mismo tiempo enseñaba La Biblia en grupos de hogares. Pero pronto centralizó su ministerio en la Capilla Calvario, y sucedió un estallido espiritual entre la juventud de West Coast, que llegó a conocerse como "La generación de Jesús".

¿Quiénes eran estos jóvenes? La realidad es que muchos de

ellos eran los "niños de las flores", drogadictos que estaban atemorizados a muerte por la aparición de demonios en sus sueños. Viajes con LSD, cocaína y metanfetaminas que les habían producido pesadillas de puro terror. Muchos de ellos venían de buenos hogares. Gritaban, pedían por el nombre de Aquel que recordaban de su niñez, que tenía autoridad sobre los demonios: *Jesús*. Y les resultó.

Agradecidos por la liberación, cientos y miles de ellos comenzaron a entrar en masa en las iglesias de la Costa del Pacífico durante los años '60 y '70. Sin lavarse, con largos cabellos, descalzos, llevando aros y ropa rotosa, se tiraban afuera en los costados de la iglesia, se deshacían de sus drogas pesadas en los baños de la iglesia, y se tiraban en los bancos, donde trataban de ponerle las puntas de los pies cuando pasaban los que llevaban las copitas de la cena del Señor.

Chuck Smith y su esposa Kay salieron de los moldes para amigarse con la gente joven. La palabra se esparció rápidamente entre las comunidades: la Capilla Calvario, en Costa Mesa tenía una alfombra que decía: "Bienvenidos". Pronto se transformó en lugar de reunión no oficial del movimiento.

Hoy Chuck Smith ha pasado su cumpleaños número setenta. Sus cuatro hijos han crecido. El flequillo alrededor de su agradable cabeza pelada se ha vuelto blanco. Pero su aspecto todavía es robusto, y su amplia sonrisa es tan radiante como cuando la "Gente de Jesús" respondió al volcarse a su iglesia por los años '70. Uno de ellos, que respondió a la edad de 26, fue el hombre que después llegó a ser mi pastor, el Dr. Michael MacIntosh, ministro fundador de la Comunidad Horizonte Cristiano en San Diego.

¿Qué pasa con Chuck Smith?[5] La gente dice que es el gozo y la paz de su aspecto es lo que lo distingue. Una expresión genuina de bondad, justicia, y amor. De cualquier manera que quiera describirlo hace sentir bien a las personas con solamente mirarlo. ¿Qué hay de su creencia teológico-bíblica, su posición sobre el pecado y confianza en lo sobrenatural? Sí, todo eso es parte de Chuck. ¿Y su amor por Jesús? *¡Sí!* Esa es la verdadera fuente de su resplandor.

Gozo y gozo rebosante

Ustedes pueden tener las campanas de gozo repicando en su corazón.
> J. Edwin Ruark

El gozo del Señor se describe algunas veces como un sentir quieto, cálido y amoroso de íntima relación con el Creador a través de su Hijo, Jesucristo. No es necesariamente una experiencia en puntas de pie, llena de éxtasis o ebullición; ni titila prendiendo y apagándose como una lamparilla de luz gastada. No depende de experiencias emocionales ("¡Encontré mis anteojos! o "¡Gané la lotería!") El gozo que viene de Jesús por el Espíritu Santo está siempre sujeto a la Palabra de Dios, donde la inspiración mantiene al amor que fluye a través del conducto.

Dado el hecho de que el gozo del cielo es una luz radiante permanente, a pesar de eso, hay tiempos singulares en la vida del pueblo de Dios cuando el Todopoderoso elige enviar un impresionante destello de gloria a la vida de un creyente. Una de las más nuevas traducciones del griego presenta la palabra *agalliasis* como "sobregozo". Sé de muchos cristianos que pueden testificar de la realidad de una experiencia

DIECINUEVE

de gozo rebosante en sus vidas.

Lori Connett es una. Me escribió: "El momento de gozo más rebosante que pueda recordar es cuando mi esposo, Ed, recibió al Señor como su Salvador. Ese día mi gozo fue completo y me regocijé con los ángeles".

Eric Thompson es otro. Me escribe: "He experimentado un gozo como una fuente de agua que salta desde adentro de mí cuando agradezco a Dios por haberme salvado de un pozo muy profundo y terrible. En ese momento verdaderamente conozco quién soy y quién es Dios".

La vida para los cristianos no es siempre fácil y hay muchos grupos maravillosos de estudio bíblico disponibles en estos días, que buscan ayudar a las personas a resolver algunas de las dificultades y desafíos que tienen que enfrentar en la vida. He sido ayudado por esos estudios, y agradezco a Dios por ellos. Debido a que nuestro libro tiene un propósito algo especial en este capítulo encararemos otra óptica. Vamos a buscar el gozo. Veremos lo que La Biblia dice sobre creyentes que se encontraron con un estado ¡resplandeciente, animador y cautivante de "sobregozo"!

La protección milagrosa de Dios

Nuestra primera historia es una de las favoritas de todos los tiempos en La Biblia. Cuenta de un rey, Darío de Media, que gobernaba un país llamado Babilonia (ahora Iraq) que recientemente había sido conquistado por su ejercito de medos y persas. Uno de los ciudadanos conquistados de Babilonia era un profeta hebreo llamado Daniel o Beltsasar. Había tenido una alta posición en el gobierno de Babilonia y ahora era mirado por el nuevo rey Darío, como un distinguido hombre de Estado.

Sin embargo, Daniel tenía enemigos, que informaron al rey Darío que había violado el reciente edicto religioso del mismo rey, al orar al Dios de los hebreos. Darío personalmente hizo un esfuerzo para salvar al hombre, pero no tuvo éxito para anular su propia ley real, que establecía que los que violaban la ley debían ser lanzados a los leones.

Mientras emitía el decreto, el rey Darío expresó su esperanza a Daniel de que su Dios lo rescataría. Esa tarde el rey estaba molesto, y canceló su entretenimiento habitual (la palabra hebrea aquí de acuerdo a Delitzsch, es "concubinas") y se fue a la cama, pero no pudo dormir. Al amanecer el rey Darío se apresuró hasta la jaula de los leones, ordenó que rompieran el sello real y la piedra fuera corrida, y llamó: *"Daniel, siervo del Dios viviente, ¿ha podido tu Dios (...) librarte de la boca de los leones?"*

El registro de Las Escrituras indica que Daniel dio un grito gozoso: *"¡Oh, rey vive para siempre! Mi Dios envió su ángel, el cual cerró la boca de los leones, para que no me hiciesen daño"*[2]. Podría haber agregado (como escuché decir a un predicador negro al relatar esta historia): "Desde el momento en que me sellaste aquí, oh rey, esos gatos grandotes han estado ronroneándose una tormenta completa contra mis piernas!"

Daniel 6:23 en la NVI dice que el rey Darío mismo *"estaba rebosando de gozo"* ante la intervención del Dios de Daniel. Procedió al estilo pagano, a tirar a los enemigos de Daniel a la jaula, donde la recepción no fue tan amistosa. El registro dice que a partir de allí Daniel "prosperó" durante el reinado de Darío, y que el rey emitió otro decreto en el que alabó al "Dios viviente" de Daniel.[3]

La guia divina

Nuestra próxima historia es acerca de los primeros de los muchos millones de no-judíos o gentiles que procuraban venir a Jesús.[4] Vinieron temprano, cuando Jesús tenía probablemente menos de dos años. Eran magos o astrólogos, tal vez de la región de alrededor de Iraq, que dijeron haber visto una extraña estrella en los cielos y habían interpretado su significado como el nacimiento del "rey de los Judíos".

Estos "hombres sabios" (no sabemos cuántos eran) sin duda, atravesaron el desierto en caravana, con la intención de adorar al niño y ofrecerle regalos. Fueron al palacio del rey Herodes en Jerusalén y le preguntaron dónde estaba el niño de la realeza. Herodes a su vez inquirió a los rabinos del templo y tomó conocimiento de lo

Jesús Ungido de Gozo

que el profeta Miqueas había predicho del nacimiento de tal gobernante en la cercana Belén.[5] Herodes sintió ante la llegada de los magos una amenaza a su propio trono, y les pidió a los visitantes que le notificaran una vez que lo hubieran localizado para que el también pudiera "adorarlo". Los hombres continuaron y descubrieron que la estrella que vieron en el Oriente había reaparecido y ahora los precedía. Los guió hasta que *"se detuvo donde estaba el niño"*. Dice La Biblia que *"Al ver la estrella, se regocijaron con muy grande gozo"*.[6] Los magos, entonces, entraron en la casa, saludaron a María, adoraron al infante Jesús y le presentaron regalos. Luego de días y semanas de un viaje difícil, los magos habían logrado su meta y estaban rebosando de gozo. Entonces, avisados en un sueño oportuno, eludieron al rey Herodes y regresaron a su casa por una ruta diferente.

El Señor aparece a los suyos

Lo siguiente es una dramática reunión nocturna de algunos de los discípulos en un cuarto cerrado en Jerusalén. Las cosas extrañas que ocurrieron en ese cuarto las describen Marcos 16, Lucas 24 y Juan 20. Al principio los hombres estaban completamente destrozados y lloraban porque habían perdido a su líder.

Entonces llegó alguien que les informó que Pedro había visto a Jesús luego de la crucifixión".[7]

Estas noticias parecían tan absurdas que ninguno las creía. Pero poco tiempo después, Cleofás y su compañero entraron, les faltaba la respiración a causa de su precipitado viaje nocturno, y dijeron que Jesús anduvo con ellos en el camino a Emaús y que compartió su comida. Esto también parecía increíble.

En 1 Corintios 15:7 Pablo declara que después de su resurrección Jesús se le apareció a su medio hermano Santiago, así como a otros. Aquellos incidentes probablemente ocurrieron después, pero vale la pena especular que podría ser que Santiago también estuviera en aquella reunión esa noche con la palabra de que había visto a Jesús cerca de la tumba.

Simplemente ¡imagínese el entusiasmo y desorden que habría

en aquel salón! Ya estaban aterrorizados por la oposición religiosa y tenían que mantener la puerta cerrada. Tres días después de su muerte sobre la cruz y su entierro en la tumba, aquí había personas que decían haber visto a Jesús vivo. ¿Estaban viendo fantasmas? ¿Qué estaba pasando? Algunos continuaban llorando, pero otros comenzaron a preguntarse y aún a temblar. ¿Dios estaba haciendo algo? ¿Era otro milagro? ¿O el fin de todo?

Entonces, de repente, Jesús mismo apareció. Un gran temor atravesó el salón., mezclado con asombro, duda, descreimiento, y entonces, asombrosamente, gozo. Jesús sonrió, dio un saludo de paz, visitó a sus discípulos y les mostró sus manos, pies y costado, y les pidió algo para comer. Le dieron un trozo de pescado cocido y miel, y Él comió.[8]

Tomó un tiempo para que los discípulos creyeran que el último enemigo, la muerte, había sido realmente vencido. Al fin lo reconocieron, y estaban completamente conscientes de que el Hombre de pie y vivo en medio de ellos y que les hablaba era el Maestro a quien habían visto crucificado. El texto en Juan lo dice bien: *"Los discípulos se regocijaron de ver a Jesús"*[9].

Dios escucha la oración de su iglesia

Para nuestra cuarta historia comenzamos con el escape milagroso de Pedro de la prisión en Jerusalén y su visita a un grupo de creyentes que habían orado por él.[10] El arresto de Pedro sucedió durante una persecución hostigada por el tetrarca Herodes Antipas, hijo de Herodes el Grande, durante los días del pan sin levadura. Cuando Herodes vio que la multitud aplaudía la ejecución del apóstol Santiago (hermano de Juan), hizo arrestar a Pedro y lo confinó por una noche, pues planeaba ejecutarlo al día siguiente.

Mientras la joven iglesia ofrecía oraciones a Dios por Pedro, cuatro grupos de cuatro soldados fueron asignados para hacerle la guardia durante la noche en la prisión. Los dieciséis hombres estaban divididos al estilo romano en guardias de tres horas cada uno. Pedro dormía encadenado con un soldado a cada lado mientras los otros dos guardas mantenían vigilancia en la puerta. El plan de He-

Jesús Ungido de Gozo

rodes era mantener a Pedro en custodia hasta que pasara la observancia de la Pascua y entonces, presentarlo delante del pueblo para sentenciarlo a muerte.

Durante la cuarta guardia de la noche, entre las 03:00 y las 06:00 de la mañana un ángel apareció y le quitó las cadenas de las manos, luego le indicó que se pusiera la ropa, sandalias y capa.

Y le dijo: *"Sígueme"*. Pedro se levantó e increíblemente pasó la primera guardia, luego la otra, y finalmente llegó a un gran portón de hierro cerrado que daba a la calle. Parece que la puerta se abrió "por sí sola", y ellos pasaron y descendieron los escalones, después de lo cual el ángel desapareció. Únicamente entonces, Pedro se dio cuenta que lo que él pensaba que era un sueño era un milagro, y que era un hombre libre.

Caminó rápidamente y llegó a una "casa segura" donde vivía María, la madre de Juan Marcos. Allí ocurrió uno de esos incidentes que revelan la forma en que las personas realmente actúan en situaciones anormales. Nos ayuda a confirmar que La Biblia es un registro fiel.

Pedro llamó a la puerta, y una jovencita llamada Rode vino a atender. Ella era una del grupo de cristianos que se habían estado reuniendo en la casa toda la noche aparentemente orando para la liberación de Pedro de lo que parecía una muerte segura. Si estaba aún oscuro no queda claro, pero cuando llamó, Rode reconoció la voz de Pedro y se llenó de alegría. Tan regocijada estaba que en lugar de abrir la puerta para que pudiera entrar, se dio vuelta y se fue corriendo de nuevo al interior para anunciarle al grupo de oración que Pedro estaba afuera parado en la puerta.

Los otros cristianos adentro se negaban a creerle, y cuando Rode insistió, decidieron que debía ser "el ángel de Pedro". Mientras tanto, Pedro había quedado afuera golpeando hasta que finalmente la puerta y el portón fueron abiertos y entró, para el asombro de todos. Tal como Rode, el gozo de los creyentes no debe haber tenido límites cuando miraban a la respuesta viviente a sus oraciones.

Pedro no se quedó demasiado, pero se tomó el tiempo para decirle a sus amigos, sobre el ángel y el escape de la prisión. Tal vez, tomó algún refresco y antes de irse pidió que *"les dijeran estas cosas a*

Santiago [el hermano del Señor] *y a los hermanos"*. Entonces se fue, y luego en el libro de los Hechos Pedro aparece participando en el primer Concilio de la iglesia en Jerusalem.[11] En cuanto a los desafortunados guardianes de la cuarta vigilancia de la prisión fueron ejecutados por orden real.[12]

Mi copa está rebosando
La palabra "regocijado" es una traducción del griego *agalliasis* que también se interpreta como "exultación" y "gozo exuberante". Aparece en muchos lugares significativos en La Biblia además de aquellos recién descriptos.

Lucas utiliza la palabra dos veces en el primer capítulo de su Evangelio: 1:14 y 1:44, el sacerdote Zacarías fue informado que su esposa, Elizabeth, daría a luz un hijo (Juan el Bautista), y que "tendría gozo y alegría" y que "muchos se regocijarían con su nacimiento". Después su esposa, Elizabeth, recibió la visita de su prima María y el Espíritu Santo le informó que María daría a luz al Mesías. Elizabeth la llamó a María "la madre de mi Señor" (1:43) y le dijo que cuando escuchó su saludo, su propio bebé que no había nacido aún *"saltó de gozo en mi vientre"*.

En Hechos 2:46-47 Lucas nos da una descripción cálida de la iglesia primitiva cuando escribe: *"Continuaban diariamente de común acuerdo en el templo y partiendo el pan de casa en casa, comían con alegría y simplicidad de corazón, alabando a Dios y teniendo favor con todas las personas. Y el Señor agregaba a la iglesia diariamente aquellos que iban a ser salvos"*.

En la carta a los hebreos el autor se dirige a Jesús con estas palabras tomadas del Salmo 45:7: *"Has amado la justicia y aborrecido la maldad; por tanto, te ungió Dios, el Dios tuyo, con óleo de alegría más que a tus compañeros"*. Ese versículo parece que nos habla en forma convincente que en la opinión de aquellos que lo conocían y amaban, Jesús fue un hombre de gozo.

La palabra "sobregozo" (*agalliasis*) aparece finalmente en los versículos de clausura de la carta de Judas (vv. 24-25). Por primera vez escuché esa magnifica bendición cuando tenía ocho años de edad. *"Y aquel que es poderoso para guardaros sin caída y presentaros sin mancha delante de su gloria con gran alegría, al único y sabio Dios, nuestro Salvador, sea gloria y majestad, imperio y potencia, ahora y por todos los siglos. Amén".*

Aquellas palabras nos las recitó por primera vez a mi hermano y a mí en 1919, la diminuta, devota y arrugadita hermana mayor de mi padre, Julia MacPherson, mientras estaba de pie delante de nosotros en su pequeña cabaña en Saranap, California.[13]

La tía Julia no tenía niños. Su esposo la había dejado y desaparecido. Pasó sus años de retiro escribiendo poemas para el semanario *Walnut Creek,* y compartía con sus vecinos pobres su pensión de la Western Union y la cerezas de su pequeña huerta. Murió en 1946 a los 99 años y 11 meses, y ahora está en los cielos, llena, tengo la confianza, de ¡*agalliasis*!

Dado que el gozo y la risa han jugado roles tan vitales en las vidas de los cristianos durante dos mil años, ¿por qué no utiliza el resto de esta página para escribir una experiencia propia en la que ha estado rebosante de gozo por la presencia de Dios en su vida?

GLORIOSAS **PROMESAS**

La fe que crea gozo

Un poquito de fe llevará tu alma al cielo.
Mucha fe llevará el cielo a tu alma.
> **Dwight L. Moody**

Fe. ¡Qué magnifica palabra! En dos letras resume simplemente la totalidad de la vida cristiana. ¿Al tomar este libro pensó que podría encontrar algo acerca del gozo del Señor? Pensó bien, pero nunca encontrará ese gozo sin fe. Puede que sea tan curioso como para preguntar: "¿Qué quiso decir con eso? ¿Fe en qué? ¿Qué es la fe?"

Vamos a decirlo en forma sencilla: la fe cristiana es creer que Jesús murió por usted y por mí. Murió sobre la cruz para llevarse nuestros pecados. Hizo su sacrificio vicario en el Calvario por nosotros, a nuestro favor y en lugar de nosotros, y se levantó al tercer día.

El comienzo indispensable es ese. Si la respuesta a esa declaración es "creo", acaba de hacer un acto de fe. Luego, la palabra inspirada del apóstol Pablo se aplica a usted. Él le escribió a la iglesia en Roma: *"Si confesares con tu boca que Jesús es el Señor y creyeres en tu corazón que Dios le levantó de entre los muertos, serás salvo"*[1].

VEINTE

Nuevamente, si su respuesta es "confieso y creo", nadie en la Tierra o el cielo puede cuestionar con éxito su derecho a ser llamado un creyente cristiano. Aquí está la palabra de confirmación del apóstol: *"Por gracia sois salvos por medio de la fe; y esto no de vosotros, porque es don de Dios; no por obras, para que nadie se glorie"*[2].

¿Qué más necesita? Nada... para la salvación. Bien, pero ¿qué más hay? Hay una explicación más amplia de lo que esas palabras significan que lo que recién ha recibido y abrazado. Y allí, entonces, aparece el gozo, el gozo de la fe, el gozo de amar a Jesús, la anticipación de los deleites del cielo.

¿Qué es la fe? Me gusta esta palabra de explicación por un teólogo inglés, W.A.Whitehouse: "Fe es el hecho por el que una persona se apropia de los recursos de Dios, se vuelve obediente a lo que Dios prescribe, abandona todo interés egoísta y auto-confianza, y confía completamente en Dios"[3]. En otras palabras, nos olvidamos de nosotros mismos y nos ponemos en las manos de Dios. Confiamos en Él. Confiamos en su bondad y amor. Confiamos en su firmeza, permanencia y confiabilidad total. Él es nuestro Padre, y lo amamos.

La carta a los Hebreos dice que la *"fe es la certeza de las cosas que se esperan, la convicción de lo que no se ve"*[4]. Esa definición como ustedes pueden ver, es genérica antes que específica. Muestra que la fe tiene una realidad espiritual por sí misma, tan válida en su propia forma, razón y conocimiento. Y la "fe" a la que se refiere es claramente fe en las buenas nuevas de Jesucristo.

Cientos de años antes de Cristo, el profeta Habacuc fue el primero en escribir estas maravillosas palabras: *"El justo por su fe vivirá"*.[5] Pablo las utilizó luego en la carta a los Romanos para establecer la doctrina cristiana de la justificación por la fe. Significa que cuando creemos en Cristo nuestros pecados son perdonados; Cristo mismo ha pagado por ellos. Podemos aceptar ese hecho, y no necesitamos hacer ningún tipo de pago penitencial por ellos. Estamos de pie justificados delante de Dios, con nuestros pecados desvanecidos en el olvido.

El reformador Martín Lutero hizo de la "justificación por la fe" la piedra fundamental de la Reforma guiada por el Espíritu del siglo

XVI, y la clarificó pues agregó a ella la palabra "solamente". Somos salvos por gracia *solamente,* por medio de la fe.

Para las personas que no saben nada de la fe, algunas veces se les vuelve algo confuso. Muchos la rechazan. H. L. Mencken, un periodista americano, una vez definió a la fe como "una creencia ilógica de que va a ocurrir algo improbable". Ernest Hemingway, una vez hizo un chiste crudo: cambió el Padre Nuestro a "nuestra nada que estás en la nada, nada sea a tu nada" (n*ada,* palabra en castellano para la palabra inglesa "nothing").

Y, sin embargo, a pesar de tales burladores y cínicos, la fe es lo que nos mantiene vivos. Yo no hubiera sacado un pie de mi cama esta mañana si no tuviera la fe de que el piso me iba a sostener. Josh Billings agrega aún más: "Si no fuera por la fe, no habría vida en este mundo; ¡ni siquiera podríamos comer un bollito!"[6] ¡Yo no hubiera terminado esta oración en mi computadora si no estuviera seguro de que un día usted lo leería!

La fe es uno de los regalos más grandiosos de Dios. En La Biblia, uno encuentra esto claramente ilustrado en tres incidentes. El primero se encuentra en el Antiguo Testamento en el libro de Génesis, cuando se describe a Abraham en el sacrificio de su hijo Isaac[7]. Ante la orden de Dios, Abraham se preparó para ofrecer a su joven hijo en un altar de sacrificio. Abraham sobrenaturalmente demostró gran fe en ese acto, y nos deja inundados de admiración. Dios reconoció que tenía un hombre listo a hacer cualquier cosa para probar su confianza en su Señor. En Hebreos 11:19 vemos que Abraham creyó que aún si realizaba el acto sacrificial, Dios podía levantar a su hijo de entre los muertos, porque Dios había prometido crear un gran nación de su descendencia. Abraham fue librado de sacrificar a Isaac por un ángel, y la presencia de un carnero atrapado en la zarza. Por lo tanto, Abraham se transformó en un hombre de honor, que merecía ser llamado el amigo de Dios y el padre espiritual de todos los creyentes.

La Biblia también ilustra la fe en una manera maravillosa en el capítulo once completo de la carta a los Hebreos. ¡Qué panorama inspirador de grandeza espiritual! Aquí desfilan todos los héroes de la fe, hombres y mujeres de la historia hebrea conocidos y desconocidos desde Abraham hasta David y los profetas *"que por fe conquistaron reinos, hicieron justicia, alcanzaron promesas, taparon bocas de leones (…) de quienes el mundo no era digno"*[8].

Como seguidor de Jesús puedo aplaudir y admirar todos estos héroes súperespeciales de la fe; y hay más. ¿Qué de Santiago, el hermano del apóstol Juan, y Esteban, Pedro, Pablo y muchos otros héroes del primer siglo? Una vez publiqué un libro titulado *Héroes de la fe* que honraba a hombres y mujeres de los sucesivos siglos que ejercitaron gran fe en el ministerio. Entre ellos estaban Policarpo, Vibia Perpetua, Agustín, Francisco de Asís, Martín Lutero, Ulrich Zwinglio, George Fox, George Whitefield, Amy Carmichael, y otros.

Pero ahora debemos poner las cosas como son.

Lo que Abraham tenía me parece que yo no lo tengo. No es una cuestión de sacrificio; alegremente me sacrificaría por los miembros de mi familia y por otros también, si las circunstancias lo pidieran. Pero cuando se trata de sacrificar a otra persona, yo paso. Esta es una prueba de fe. El amigo de Agustín, Alipio, leyó la carta de Pablo a los Romanos y luego declaró que dado que Dios aparentemente aceptaría a alguien con una fe débil (Romanos 14:1), él se haría cristiano. Pienso que estoy del lado del obispo Alipio, no con Abraham.

De la misma manera, me encuentro descalificado cuando examino la lista de hombres y mujeres de fe que encontramos en el capítulo once de Hebreos. Demostraron una fe magnífica en Dios, un don supremo del Espíritu Santo. Los admiro y me encantaría emularlos, pero igual que Alipio, mi fe es débil y me siento no merecedor.

El tercer lugar donde encontramos gran fe es en las palabras de Jesús tal como se encuentran en Mateo 17:20: *"…de cierto os digo, que si tuviereis fe como un grano de mostaza, diréis a este monte: Pásate de aquí allá, y se pasará; y nada os será imposible"*.

Hay allí un desafío del Señor Jesucristo mismo que a uno lo deja sin aliento. ¿Mover montañas con pura fe? ¿Una montaña completa, como el Kilimanjaro? ¿En qué podía haber pensado Jesús? Cualquier cosa que haya sido, no tiene sentido. ¿O sí? Discúlpenme, pero por la gracia de Dios gozosamente me pongo en la fila con esos santos cuando vayan marchando. ¿Mover una montaña completa por fe? Absolutamente. Lo he hecho – por fe. He visto asombrado cómo una completa montaña de enojo se deslizó directamente desde mi espalda y nunca regresó. He visto también otros cristianos duros arrodillarse e ir a la cruz de Jesús con lágrimas, y luego ponerse de pie y sacudir una montaña tras otra que habían obstruído y aplastado sus espíritus cansados.

¿Cómo sucedió todo esto? No fue por ningún agente humano, a menos que ustedes le quieran dar crédito a un microscópico grano de fe. Fue en realidad hecho por el poder, favor y amor del Espíritu Santo en respuesta a esa pequeñísima porción de fe. Me llena de hilaridad (una muy buena palabra bíblica) pensar en eso. ¿Confesión? Sí. ¿Arrepentimiento? Absolutamente. ¿Fe, oración, intercesión? Por supuesto. Pero no transcripciones. Ni informes de progreso. Ni diplomas, ni curricula, grados, honores, cartas de recomendación, vestimentas santas o informes a la prensa. Simplemente, Jesús.

¿Y usted? ¿Ha estado en esa ruta? Déjeme hacerle una sugerencia. ¿Dónde se encuentra el gozo en todo esto? Cuando la fe se pone a andar, ¿en qué parte está el gozo? La respuesta de La Biblia es que *la fe en sí misma produce gozo*. La fe lleva al contentamiento, y el contentamiento lleva a la paz, y la paz pone en descubierto los otros frutos del Espíritu, que incluyen amor y gozo.

La fe acompaña al cristiano dondequiera que él o ella vayan. No es fácil describir el destello eléctrico, la emoción interior de un creyente cuando se encuentra con otro que "es de la fe". La sonrisa de bienvenida, el murmurar el nombre de Jesús – cualquiera de los cientos de miradas y gestos pueden traer reconocimiento y respuesta, y el comienzo de una amistad que tienen su base en el cielo de los cielos. Jesús dijo: *"Dónde dos o tres estén reunidos en mi nombre, allí estoy yo en medio de ellos"*[9]. Y aún es verdad. Así es cuando mi Jesús comparte la fe, y la fe crea el gozo.

Los creyentes más ancianos se encuentran y se alientan unos a otros. Sus reminiscencias atraen a la memoria los grandiosos eventos espirituales de la fe. La gente de edad mediana queda revelada en los signos de la fe en aumento de sus hijos. La gente joven encuentra tremendo sostén en su propio caminar con Jesús mientras tiene compañerismo con otros jóvenes creyentes que piensan igual. El gozo del Señor agrega fuerza a su compromiso espiritual.

Todo este compartir de la fe trae alegría de corazón a los creyentes que puedan estar atravesando pruebas de la vida. ¡Qué bendición es encontrar un cristiano de corazón alegre que cree lo que Jesús dijo: que su yugo es fácil y ligera su carga![10] Hay tal alegría en la fe misma, en el conocimiento de que nuestras vidas están en las manos de Dios y que eventualmente todo "resultará" bien.

Muchos libros han sido escritos sobre la fe, y con una buena razón, porque la fe siempre ha significado distintas cosas para diferentes personas. La misma palabra "fe" a muchas personas les conjura molinos de viento en la cabeza y un medio ambiente imaginario. Para estos incrédulos la fe es el equivalente a una mentira, porque parecen aceptar como hecho lo que no es tan seguro, "no es así". Lo sé, porque por años la fe significó poco o nada para mí.

Por contraste, para millones de gente de Dos, la fe siempre ha sido un bote de vida en un mar de tormenta. Equipa al creyente con sabiduría y confianza para discernir el error del que duda y la mentira cínica. ¡Nadie entra con trampas al reino de los cielos! Cuando las dudas y el falso razonamiento, las circunstancias desastrosas exteriores se combinan para confundir al creyente, la fe provee una armadura de protección. Guía al creyente por una senda de justicia que está patrullada por ángeles y protegida por Dios mismo.

La fe tiene una manera de acercar el gozo de la libertad espiritual. Nos da alivio saber que Dios no vigila nuestras "buenas obras", las cuales están siempre sujetas a los defectos del ego personal. Dios más bien se fija en nuestra fe en Él. No tenemos que ganarnos nuestro camino a Él porque Él ya está con nosotros. Cuando viene la dificultad, Él nos asegura que no durará. *"No se inquieten."*[11] Cuando nuestras esperanzas de ingresos son defraudadas, Jesús nos envía un mensaje *"No se preocupen."*[12] Los franceses tienen un dicho: *"ca passe".* Cualquier cosa que sea, se irá a su tiempo. Las buenas cosas están más adelante. Alégrense.

Tal vez, el más grande gozo de todos para los cristianos es guiar a alguien a la presencia del Señor y ver al Espíritu Santo traer a esa persona a sí mismo. Nada en el mundo puede hacer que Dios parez-

La fe que crea gozo

ca tan real para nosotros –o tan admirable– como darnos cuenta que Él nos utiliza (pecadores como somos) para ganar a otra persona para Jesucristo. Una de las cosas más nobles que Billy Graham ha hecho por la iglesia ha sido ofrecer una simple oración para las personas que buscan a Cristo. La he escuchado repetirla muchas veces, y la he usado con miembros de mi propia familia:

> "Oh Dios, soy un pecador. Estoy arrepentido por mis pecados, deseo apartarme de ellos, recibo a Jesucristo como mi Salvador. Lo confieso como mi Señor. Desde este momento quiero seguirlo y servirlo en el compañerismo de su Iglesia".

Jesús dijo que hay gran gozo en los cielos entre los ángeles cuando un pecador se arrepiente.[13] Puede ser en una gran reunión, o en una sencilla escena en una pequeña iglesia, o en una sala de estar o dormitorio con pocas personas presentes. Cuando esas palabras son repetidas –o palabras similares– por un buscador sincero con fe, puede estar seguro de que el Espíritu Santo está obrando, y que en los portales de la gloria hay celebración entre los ángeles.

¿Dónde está el gozo en la fe salvadora? Es el gozo de Jesús, el que Él llamó *"mi gozo"*. Para guiarlo a ese gozo tal vez esta analogía podría ayudarlo.

Cuando mi hermano Lincoln y yo íbamos de campamento como Boy Scouts nos sentábamos alrededor de la fogata en la noche junto con los otros muchachos, nos abrigábamos unos a otros y cantábamos canciones; después de eso nuestro guía nos contaba historias de miedo directamente de Arthur Connan Doyle. El viento de la noche era frío, pero mi hermano y yo nos divertíamos porque compartíamos un secreto.

Debajo de las cenizas de la fogata habíamos escondido algunas papas de Idaho (no me pregunte de dónde las sacábamos), y toda la tarde teníamos el gozo de esta seguridad: que las papas estaban ahí, en el fuego, cociéndose. Cuando los carbones se extinguían era el momento próximo a la orden de "luces apagadas", y nos acercábamos con ramas y descubríamos nuestro tesoro. Pelándoles la cáscara negra, hundíamos nuestros dientes en las papas calientes recién cocinadas, y ¡oh, qué buen sabor tenían!

¿Le gustaría hacer una prueba de fe en secreto? Haga una inversión espiritual fuera de su familia, en un niño, una iglesia, en algún tipo de misión espiritual o meta. Esa es su "papa caliente" escondida, su secreto con Jesús. Luego de un tiempo sáquela del fuego, pélele la piel negra y muerda.

Hunda sus dientes en su inversión secreta. Gústela. Disfrútela. Vea cuán bueno es Dios, y ¡lo que su fe ha hecho por usted!

Esperanza que trae gozo

*Lo opuesto al gozo no es la tristeza.
Es la incredulidad.*
> **Leslie Watherhead**

El pasaje menos gozoso de La Biblia no se encuentra en las amenazas de juicio del Antiguo Testamento o en la lamentación de los profetas. El pasaje menos gozoso está en la primera carta de Pablo a los Corintios. Allí escribe: *"y si Cristo no resucitó, vuestra fe es vana; aún estáis en vuestros pecados".* Pablo se extiende: *"Si en esta vida solamente esperamos en Cristo, somos los más dignos de conmiseración de todos los hombres".*[1]

Durante dos mil años la cruz ha sido el símbolo de la cristiandad. La vemos en todas partes – en iglesias, en collares, en la tapa de las Biblias, en los cementerios, en las cimas de las montañas. Lleva consigo el testimonio silencioso de nuestra salvación a través de la redención de Jesucristo, cuyo sacrificio vicario por nuestros pecados abrió para nosotros la carretera al cielo, nos sacó de la muerte y nos puso en camino hacia la vida eterna. Para los cristianos de cualquier grupo esto es más precioso que la vida. Amamos. a Jesús.

VEINTIUNO

Pero hay otro símbolo del cristianismo que tiene un lugar diferente pero vital en los corazones de nosotros lo que creemos, y es la tumba vacía.

Se ha dicho con frecuencia, en los pasados dos mil años, que la iglesia cristiana fue edificada sobre la resurrección de Jesucristo de esa tumba. Pablo abre su carta a los Romanos con la declaración de que Jesucristo nuestro Señor fue declarado Hijo de Dios, con poder, según el Espíritu de santidad, *"por la resurrección de entre los muertos".*

John Whale escribió correctamente: "La iglesia de Cristo debe su misma existencia al hecho de que en esta tumba abierta del mundo hay una vacía, un sepulcro para rentar. Creer en la resurrección no es un apéndice de la fe cristiana; *es* la fe cristiana. Los Evangelios no pueden explicar la resurrección, es la resurrección por sí sola que explica los Evangelios"[3].

Repasemos una vez más muy sencillamente. Un Hombre nació, vivió y creció hasta la madurez. Lo mataron por ejecución y fue enterrado en una tumba. Tres días más tarde su tumba se encontró vacía. Fue como si su cuerpo hubiera sido robado. Entonces, lo vieron. Cientos de personas lo vieron. Algunos lo escucharon hablar, otros lo vieron comer, aún otros examinaron las heridas que lo mataron. Entonces, después de algunas reuniones con sus seguidores, desapareció. Sus huesos nunca fueron hallados.

La historia de la resurrección no fue edificada sobre la credulidad o inventiva humana. El hombre involucrado no era Elvis Presley ni Harry Houdini. El hombre fue Jesús de Nazaret, el Hijo de Dios, de quien se dijo *"verdaderamente resucitó"* y quien *"ha venido a ser primicia de los que durmieron".* Pablo escribió a los Filipenses que *"Dios exaltó a lo sumo"* a su Hijo, y escribió a los Colosenses que Jesucristo es también *"cabeza de la (...) iglesia"* y que *"en él todas las cosas fueron hechas (...) para que él tenga la preeminencia".*[4]

Pero el efecto sobrecogedor de este informe vivo-de-entre-los-muertos no solamente fue sobre las personas involucradas en los sucesos – los guardias del templo, el Sanedrín, los discípulos, las mujeres y los otros que puedan haber hablado con el Jesús resucitado. Lo más admirable fue ¡lo que la resurrección hizo por usted y por mí! Nos dio esperanza más allá de la muerte.

He aquí un niño de tres años cuyo padre acaba de morir en un accidente de esquí. Su pequeño mundo está destruido. Su mamá cristiana lo consuela: "El querido Jesús regresó de la tumba y nos dijo que un día veremos a Papi otra vez. Cuando lleguemos al cielo él nos estará esperando". El muchacho le cree. Nuestras visiones del cielo pueden ser nubladas, es verdad, pero no hubo nada nublado en la resurrección: realmente sucedió. Hay días para todos nosotros cuando el pensamiento de la tumba vacía de Jesús nos puede llenar el corazón de esperanza y gozo.

La Biblia reclama que con la resurrección de Jesús las fortalezas del último enemigo, la muerte, fueron quebradas. Así que, si Jesús atravesó el ciclo del nacimiento y la muerte y volvió nuevamente a la vida, ¿qué pasará con nosotros? Desde el comienzo de la vida sobre la Tierra las diferentes culturas han tenido sus leyendas de inmortalidad sobre algún Elysio o tierras felices donde poder cazar. El aprender sobre esas leyendas es una parte de crecer. Por supuesto, no las creemos. Las hallamos interesantes y dejamos a los antropólogos que escriban libros sobre ellas, pero siguen siendo leyendas.

Ahora nos enfrentamos con un documento que reclama autenticidad, no sobre una "hermosa isla en algún lugar", sino sobre un hecho real en un punto del tiempo, cuando alguien que estaba muerto vino de nuevo a la vida. Así que, si le sucedió a Él, ¿qué implica esto? Estamos destinados a ser fertilizantes, o ¿existe algo más?

En este momento no estoy especialmente interesado en saber cómo será la vida luego de la muerte. Si puedo estar con Jesús eso es todo lo que podría preguntar. Nuestro Señor le dijo a sus discípulos: *"Vendré otra vez y los recibiré a mí mismo"*. Cuento con eso.

Hay otro lado del gozo, y es *no* tanto gozo. Nuestra cultura fugitiva se ha olvidado que La Biblia nos advierte del juicio por venir, ambos a los seres humanos y a las naciones. Las personas que ignoran las enseñanzas de La Biblia y cometen lo que La Biblia llama *"las obras de la carne"* serán llamadas a rendir cuentas. La elección de los tiempos está en la eternidad.

La perspectiva completa del futuro es misteriosa y más allá de

Jesús Ungido de Gozo

la imaginación, pero por causa del registro de la resurrección tengo esperanza, no solamente para mí, sino para todos aquellos que aman a Jesús. Para aquellos que llenan nuestro medio de lujuria, crímenes, maldad, corrupción y horror, y para aquellos que pierden sus vidas en búsquedas personales, sin sentido, actividades que corrompen el alma que La Biblia llama pecado, simplemente voy a referirme a Hebreos 10:31: *"¡Horrenda cosa es caer en manos del Dios vivo!"* En un libro sobre el gozo no es compatible hablar de la temperatura del infierno, pero a pesar de todo, allí está esperando.

Una cosa curiosa: casi todos los libros sobre ancianidad hoy están escritos por jóvenes expertos. Cubre todo lo relacionado con el tema de la muerte próxima. Consideran el deterioro gradual del cuerpo, el informe médico final, la disposición de los restos, los arreglos del funeral, las ubicaciones de las tumbas, las noticias de prensa, el período de prueba, los seguros, la división de la propiedad, el establecimiento de las cuentas, las invitaciones al servicio memorial, dónde tiene que sentarse la familia inmediata, la inscripción en la tumba (si la hacen), las discusiones de los herederos...

¿Pero Dios? ¿El cielo? ¿El juicio? "¡Qué tremendo! ¿Quién lo sabe?"

Los estadounidenses generalmente consideran la vida en sí misma una bendición, y buscan estirarla lo más posible. Pueden llegar a quejarse y lo hacen, pero no parecen estar con ningún apuro para dejar la presente existencia. Para los soldados que regresaron de la Guerra del Golfo, cuán preciosa les parecía la vida, qué maravilloso era simplemente estar vivos para retornar a casa.

Nosotros como cristianos somos enseñados que la vida es un don de amor de parte de Dios y debe ser vivida con un espíritu de agradecimiento; pero La Biblia también nos indica que nuestro tiempo aquí sobre la Tierra es un tiempo de prueba y preparación para la existencia futura. Estos pocos años nuestros sobre el planeta son una carrera dura, un camino de prueba, una tierra de demostración, un crucero transitorio, un simulador de vuelo. Somos peregrinos que vamos atravesando, gozosos, con esperanza.

Puede que usted diga que este mundo es un café de paso donde paramos para tomar una taza y comer un bocadillo antes de seguir.

Esperanza que trae gozo

Pero no nos dirigimos a Basin Street, o a Las Vegas, o a Piccadilly Circus, o a los Campos Elíseos, o a Yellow Brick Road o a la ciudad Esmeralda de Oz. Nuestro mapa de ruta está en los dos últimos capítulos del libro de Apocalipsis. Se nos asegura que lo que Dios tiene en mente para sus hijos es tan maravilloso, que hará aparecer al sistema de Internet global completo con sus sitios de la red y el espacio cibernético, como un niño que garabatea en una pizarra con un pedacito de tiza.

Carl Sagan nos aseguró a todos que no hay "nada detrás del cosmos". Creo que desde entonces él ha tenido segundos pensamientos sobre esa declaración. Para nosotros es suficiente que Cristo murió por nuestros pecados de acuerdo con las Escrituras, y fue enterrado, y se levantó al tercer día de acuerdo a las Escrituras.

Hoy es la convicción permanente de millones de cristianos que la reaparición de Jesús en la carne después de su crucifixión quería decir que había habido una resurrección de entre los muertos. El proceso natural del nacimiento, vida y muerte fue interrumpido, y en forma deliberada, un acto consciente del Supremo Creador del universo. El que estableció las leyes naturales las suspendió en esta instancia con una ley sobrenatural. La famosa objeción del profesor Gotthold Lessing, un académico alemán destacado del siglo XVIII, de que "los hechos particulares de la historia no pueden establecer verdades eternas", fue descalificado por Dios mismo, la mañana de Pascuas. La resurrección a partir de allí se volvió una verdad eterna.

Pero la gloria de la resurrección no terminó con la ascensión de nuestro Señor, como cuenta Lucas en el primer capítulo del libro de los Hechos de los Apóstoles. Ese tiempo que el Señor resucitado pasó con nosotros fue un preludio de algo que nosotros los cristianos firmemente creemos es el propósito futuro de Dios para su pueblo. Es la "bendita esperanza", el regreso del Señor Jesucristo, su reentrada en la atmósfera de la Tierra como lo prometieron los dos hombres vestidos de blanco en el Monte de los Olivos.

La escena es inolvidable. Los discípulos recién habían hablando con Jesús, y ahora Él se había ido, y los dos hombres estaban de pie allí y decían: *"Hombres de Galilea, ¿por qué estáis mirando al cielo? Este mismo Jesús que ha sido tomado de vosotros al cielo, así ven-*

drá como lo habéis visto ir al cielo"⁵. En otras palabras, gente, ¡no miren atrás, miren hacia adelante!

Toda la historia de la raza humana desde ese momento, las exploraciones y guerras y masacres e invenciones y escritos, todos las buenas y malas declaraciones y acciones de los hombres y mujeres, todo el progreso y regresión de la raza humana, son simplemente eventos entre paréntesis en la zona del tiempo entre la partida de nuestro Señor y su pronto regreso. Y es allí donde estamos en este momento.

¿Será mañana un día mejor? ¿Habrá en el siglo XXI menos crueldad y más amor, menos sufrimiento y más gozo? ¿Hay un futuro brillante en el horizonte? No vayan a la sociología o la antropología para la respuesta. Ellas también están entre paréntesis. Miren a Jesús. Esa es nuestra esperanza.

Lucas dijo que luego que nuestro Señor bendijo a sus discípulos ellos regresaron a Jerusalén *"con gran gozo"*. Tenían la promesa del poder del Espíritu inscriptas en sus corazones. Tenían el amor de Dios, la cosa más grandiosa del universo, y era su tarea llevarlo a las personas en todas partes hasta que Él venga. Pero la consigna todavía es *"¡Señor, ven pronto!"*

Cuando Él venga, aquellos que lo aman irán a su encuentro. Entonces, por fin conoceremos en toda su inmaculada y transparente totalidad *el gozo del Señor*.

Lo admirable sobre la gracia

*La marca más segura de un cristiano no es la fe,
o aún el amor, sino el gozo.*
> **Samuel M. Shoemaker**

A esta altura es posible que tengamos suficiente evidencia para decir que Jesús vino a la tierra en una gozosa misión de salvación, y que uno de sus propósitos era que otros pudieran compartir ese gozo. Muchas personas con las que he hablado reconocen a Jesús como el autor y consumador de su fe, pero se preguntan si no es que han perdido algo en sus vidas cristianas. Si Jesús tuvo un secreto, no saben cuál es. En cuanto al fuerte énfasis del Nuevo Testamento sobre el gozo, admiten que no lo han experimentado; pensaban que era simplemente conversación de predicador.

El tiempo ha llegado para decir francamente con referencia a este gozo: "Parece grandioso si es verdadero", y luego preguntar: "¿Dónde se consigue?"

Para descubrirlo, necesitamos mirar la misión de Jesús. Vino con órdenes de traer redención a la raza humana, de acercar a los hombres y mujeres de regreso a Dios, y acompañarlos a

VEINTIDÓS

Jesús Ungido de Gozo

entrar en su reino. Luego de su bautismo en el río Jordán vino a Galilea desde el desierto, gozosamente, renovado por su victoria sobre Satanás, lleno del poder del Espíritu Santo, y lanzó su ministerio sobre un punto supremo: *"El tiempo ha llegado"*, anunciaba. *"El Reino de Dios está cerca. Arrepentíos y creed a las buenas nuevas."*

Esto no era pronunciado por un profeta de condenación de rostro duro, sino que este era un gozoso joven hombre que decía: "¡Vengan! ¡Únanse a mí! Sé como salir de esto. Hay una buena vida, grandiosa. Tómenla de mí. Todo está listo. ¡Vengan!"

Y vinieron, por cientos y miles. Pero aún cuando notamos la euforia que acompañaba este magnífico ministerio, no debemos perder de vista el hecho de que Jesús vino a la Tierra por mandato de su Padre y dio cumplimiento a su misión en la Tierra únicamente a través del sacrificio de su propia vida. Al morir sobre la cruz del Calvario y llevar nuestros pecados en su propio cuerpo, Jesús removió la barrera entre nosotros y nuestro Creador, y abrió las puertas del cielo para todos los que creen en Él.

El derramamiento de su sangre sobre la cruz no fue precipitado por la mera acción de parte de otros. Jesús dejó completamente claro que su sacrificio no tenía la intención de apaciguar una deidad enojada; más bien fue su propia decisión personal de realizar la obra que su amado Padre le había comisionado hacer:[1] *"Dios estaba en Cristo reconciliando consigo al mundo"*.[2] Como el excelente maestro de La Biblia, Ruben Torrey lo expresara tan bien:

> En la muerte expiatoria de su Hijo, en lugar de imponer el castigo de los hombres culpables sobre una tercera persona inocente, Dios tomó la vergüenza y el sufrimiento que le correspondía al hombre sobre sí mismo; y lejos de ser injusto y cruel, ¡es gracia admirable![3]

En un momento de mi vida tuve que enfrentar dos preguntas: ¿Jesús murió por mí? Y si lo hizo, ¿por qué lo hizo? Desde los días de la Escuela Dominical admiré a Jesús, pero sólo recientemente esas preguntas han comenzado a apremiarme.

Mientras estaba como uniformado en la segunda Guerra Mun-

Lo admirable sobre la gracia

dial tomé un librito devocional escrito por un compañero capellán judío. Él explicaba la Pascua a las tropas judías, y utilizaba palabras como estas: "Descubrirás en la vida que el inocente debe sufrir por el culpable. Tal es el camino a la paz. Pero en lugar de que esto esté mal, es la respuesta a todo. El secreto de la vida es sacrificio". Para ilustrar, señalaba a las jóvenes tropas que no creaban las peleas internacionales, pero eran enviadas a combatir para resolverlas. "Entender esto", decía, "es saber el profundo significado de la existencia".

Pensé sobre Jesús. Era inocente, sin embargo, se decía que había sufrido y muerto por la culpa. Sentí que este capellán estaba en el camino de algo. Yo era un pecador. Jesús fue a la cruz, el inocente por el culpable – o así se decía. Era, parecía la única manera de que mis pecados fueran perdonados. Pero, ¿eso quería decir que Jesús verdaderamente tomó mi lugar, que había existido substitución?

Era evidente que había algunas cosas que no podía hacer por mí mismo. Nunca olvidaré en una ocasión en las Islas Aleutianas cuando dos soldados se dirigieron a nuestro oficial comandante sin que yo lo supiera, para defenderme. Fueron en mi nombre y tomaron mi lugar para conseguir mi justificación. Su amabilidad se mantiene en mi memoria como una dulce fragancia.

Yo estaba deseoso de aceptar que tal vez, en alguna manera simbólica, Jesús murió a mi favor, que Él había visto su rol como un Mesías que daba su vida por otros en una forma de sacrificio vicario.

Lo que no podía ver era por qué Él iba a hacerlo por *mí*. En realidad, no me podía imaginar por qué Jesús o cualquier otra persona podía desear morir por mí. Me dije que estaba bastante listo a tomar la reprimenda por mis propias faltas. Prefería pagar mis propias cuentas, y muchas gracias.

Pocos años después un libro notable hizo su aparición. Era un comentario sobre el Evangelio de Juan por Arthur John Gossip, un predicador escocés del que había escuchado una vez y al que respetaba profundamente. Había leído sus otros libros y disfrutaba de su amplio conocimiento y prosa elocuente. Lo consideraba un valioso hombre de Dios.

Mientras leía la exposición del Dr. Gossip del Evangelio de Juan, me volvieron las viejas preguntas, que todavía me inquieta-

Jesús Ungido de Gozo

ban: *¿Jesús murió por mí? Y si lo hizo ¿Por qué?*

Había llegado al capítulo dieciocho del evangelio, donde dice que Pilato ofrece dejar libre a Jesús, ya que era costumbre que un prisionero fuera liberado en la Pascua. La multitud respondió que preferían la liberación de otro prisionero llamado Barrabás antes que a Jesús.

En este punto el Dr. Gossip observó:

> Con razón y verdad los estudiosos continúan señalando que cuando las Escrituras del Nuevo Testamento nos dicen que Cristo murió por nosotros, la preposición griega utilizada significa "a favor de" y no "en lugar de". Para Barrabás por lo menos, no hubo tal distinción". Y nunca se ha aclarado. "A favor de" se sigue mezclando "en lugar de", hacer lo que quisiera.

El Dr. Gossip entonces, rindió tributo a las tropas del ejercito británico con las que sirvió en Francia durante la primera Guerra Mundial, al decir que:

> aquellos que entregaron sus vidas allí lo hicieron por nosotros, en nuestro favor. Eso, es cierto. Es innegable. Pero muchos siente que todavía hay una apreciación inadecuada de lo que ellos hicieron y lo que les debemos, que ellos sufrieron y murieron no meramente a nuestro favor sino literalmente en nuestro lugar.

En conclusión, Gossip citaba al Dr. James Denney, otro teólogo escocés notable de principios del siglo XX:

> ¿De qué es, entonces, que quedamos eximidos, salvados por la muerte de Jesús?
> ¿Qué fue lo que no atravesamos gracias a que Él murió? La respuesta es que Él nos salvó de morir en nuestros pecados. Pero en lo referente a su muerte, nosotros deberíamos haber muerto en nuestros pecados; deberíamos haber es-

tado en la negra oscuridad con la condenación de Dios pesando sobre nosotros. Es por causa de que Él murió por nosotros, y por ninguna otra razón, que las tinieblas pasaron, y brilla la luz en la cual tenemos paz con Dios, y nos regocijamos en la esperanza de su gloria.[4]

Desde que leí esas palabras nunca más tuve problemas con lo que los teólogos llaman "la substitución expiatoria de Jesucristo". El Espíritu Santo ha barrido todas mis dudas y nunca regresaron. Creo que Jesucristo tomó mis pecados sobre sí mismo y murió por mí porque me amaba y deseaba que estuviera en el cielo con Él. Cuando escucho decir a un predicador: "Dios dijo esto, Cristo hizo aquello", lo creo, es suficiente; ahora agrego: "amén, ¡aleluya!"

Esa respuesta, sin embargo, no se ocupa de la pregunta hecha anteriormente en este capítulo: ¿Dónde consigo el gozo? Si es cierto que no podemos tener el gozo sin la salvación, parece igualmente cierto que muchos cristianos que tienen la salvación se han perdido una extensa porción del gozo.

Así que, ¿cómo lo conseguimos?

La respuesta de Las Escrituras es que el gozo es un fruto del Espíritu Santo. El fruto viene por permanecer en la vid y la vid es Jesús. Cuando la fruta está madura la arrancamos, pero no la hacemos crecer, Dios lo hace; y no la arrancamos, otros lo hacen. Como Juan lo da a entender, hacemos correr el gozo y lo compartimos.

Por lo tanto, el gozo no es algo que *hacemos,* sino algo que *recibimos* y a lo cual *respondemos.* Es un don de gracia a través del Espíritu Santo. ¿Y qué es la gracia? Es el favor inmerecido de parte de la mano de Dios, sin ningún esfuerzo de nuestra parte – no lo ganamos, no lo merecemos y con frecuencia es inesperado. Es algo que viene por el Espíritu Santo sin que nosotros lo iniciemos o lo causemos, o aún entendamos completamente. Y el gozo de nuestra salvación es algo que viene por gracia. La gracia de Dios es como la luz del sol; no la pusimos allí, pero la aceptamos con agradecimiento, nos sumergimos en ella, la usamos, florecemos y nos gloriamos. El gozo es algo con lo que Dios envuelve el don de su gracia. Actualmente está en todas partes. Está en los ojos de un niño, en el trino

Jesús Ungido de Gozo

de un ave en la pradera, en el vuelo de una grulla, en la sonrisa de un infante que duerme, en el guiño de un abuelo, en el roce de un ser amado, en las volteretas de una nutria, en los acordes de introducción de la "Sonata claro de luna", en el abrazo de un adolescente perdido que ha regresado a casa,

> …en un toque de atardecer,
> …en la fantasía de una campanilla,
> …en la finalización del coro de la obra Eurípides…[5]

Y cuando uno de los amados de Dios pasa a su santa presencia.
Hay gozo para llevar, y si usted desea lo puede tomar: abra su Biblia en el Salmo cien y comience a leer. Que la admirable gracia de nuestro Señor Jesucristo y el toque de su gozo inefable esté sobre su espíritu mientras vaya leyendo y creyendo.

¡Tómelo todo!

*Regocíjate, escucha mi Rey,
que sea un dulce sonar para ti.*
> **Laurie Klein**

Jesús acababa de completar un tur de predicación por Galilea, y la voz de su ministerio se extendía como los incendios en California. Cuando regresó a Capernaún en la costa norte del lago, encontró multitudes más grandes que nunca. Llamó a sus discípulos aparte, los tomó y los llevó con Él a lo alto de la montaña a un lugar favorito, se sentó y comenzó a enseñarles. Lo que vino después fue un extraordinario mensaje de gozo conocido como el Sermón del Monte.[1] Hoy nos llega a nosotros desde el pasado, una notable transmisión de verdad eterna.

Cuando abrimos nuestro Nuevo Testamento a las bienaventuranzas en Mateo 5 encontramos que la primera palabra que Jesús habló fue "bienaventurados" o, como se dice en griego, *makarios*. El significado antiguo del hebreo era "favor de parte de Dios". Cualquiera sea el lenguaje, hebreo, griego, inglés o castellano, es una gran palabra, magnífica; ayer, hoy y para siempre. Esto es lo que dijo el Dr. William Barclay sobre *makarios*:

VEINTITRÉS

La dicha que le pertenece a los cristianos no es la dicha que se pospone para un futuro mundo glorioso; es una dicha que existe aquí y ahora.

No es algo dentro de lo cual el cristiano entrará, es algo en lo que ya ha entrado. Es una realidad presente para ser disfrutada. Las bienaventuranzas dicen en efecto: "¡Oh, la felicidad de ser un cristiano! ¡Oh, la simple felicidad de conocer a Jesucristo como Amo, Salvador y Señor!" La misma forma de las bienaventuranzas es la declaración de gozosa emoción y alegría radiante de la vida cristiana. Ante las bienaventuranzas un cristianismo melancólico es impensable.

Makarios entonces describe que el gozo que tiene su secreto en sí mismo, ese gozo es sereno e intocable y con autodominio, ese gozo que es completamente independiente de todas las oportunidades y cambios en la vida. Las bienaventuranzas hablan de ese gozo que nos busca a través de nuestro dolor, ese gozo que las penas y pérdidas, dolor y angustia no tienen poder de tocar, ese gozo que brilla a través de las lágrimas, y que nada en la vida o la muerte puede quitarlo.

El mundo puede conseguir sus gozos y también perderlos. Pero el cristiano tiene el gozo que viene de caminar para siempre en la compañía y presencia de Jesucristo. Las Bienaventuranzas son gritos triunfantes de la dicha de un gozo permanente que nada en el mundo nos lo puede quitar.[2]

Sin embargo, hoy en día la palabra "bendición" no lleva consigo el mismo significado que tenía en el mundo antiguo del comercio en los tiempos bíblicos, o aún en el último siglo. Ha sido relegado al vocabulario religioso. Pregúntele a cualquier camarero qué es una "bendición" y él puede responder: "un poco de suerte". Muchos predicadores han substituido la palabra "bienaventurado" por "feliz", con la esperanza de que su significado sea entendido. Esto tampoco ha servido demasiado.

¡Tómelo todo!

Por ejemplo, la primera bienaventuranza que Jesús enseñó fue: *"Bienaventurados son los pobres en espíritu, porque de los tales es el reino de los cielos"*. Cambiar eso por "Felices los pobres en espíritu" es crear una contradicción. Cualquier cosa que un pobre espiritualmente pueda ser, probablemente no es ser feliz. Aún más impropia es la segunda bienaventuranza: *"Felices los que lloran"*. Tiene muy poco sentido describir a los que lloran como personas felices mientras están llorando, particularmente cuando eso no era lo que Jesús quiso decir.

¿Qué palabra, entonces, puede clarificar apropiadamente y llevar el significado que Jesús le dio? Relacionado a esto el *Diccionario Teológico del Nuevo Testamento* de Gerhard Kittel contiene una declaración interesante del profesor Fredrich Hauck de Erlangen, Alemania. Cito de la traducción del Dr. Geoffrey Bromiley: "El rasgo especial del término *makarios* [bendecido] en el Nuevo Testamento se refiere mayoritariamente al gozo distintivo que se acumula en el hombre por su participación en la salvación del reino de Dios."[3]

¡Eso es! Lo que Jesús decía era un profundo "gozo distintivo" que Él prometió que vendría sobre aquellos que eligieran participar, como el Dr. Hauck dijo, en la "salvación del reino de Dios"

Veamos cómo sonarían las bienaventuranzas con el uso de esas palabras:

Que los pobres en espíritu se gocen, porque de ellos es el reino de los cielos.
Que aquellos que se lamentan se gocen, porque serán consolados.
Que los humildes se gocen, porque ellos heredarán la Tierra.
Que aquellos que tienen hambre y sed de justicia se gocen, porque serán saciados.
Que los misericordiosos se gocen, porque obtendrán misericordia.
Que los puros de corazón se gocen, porque verán a Dios.
Que los pacificadores se gocen, porque serán llamados hijos de Dios.

Que los que son perseguidos por causa de la justicia se gocen, porque de ellos es el reino de los cielos.

Notarán que de pronto las bienaventuranzas se transforman no en descripciones del presente, sino en promesas para el futuro. No adquisiciones, sino esperanza. No resistencia, sino alivio. No una recompensa por los logros espirituales, sino un gozoso derramamiento del amor de Dios en los corazones de los creyentes por el Espíritu Santo.

¿Cómo, entonces, esta fresca interpretación de las bienaventuranzas se relaciona con las personas que están bajo enorme presión, que enfrentan dificultades que parecen insuperables? ¿Cómo se relacionan con la esposa cristiana cuyo esposo acaba de informarle que la está por dejar? ¿Con el adolescente abatido que ha sido separado de su equipo atlético porque cometió una infracción, justo después de haber sido elegido capitán?

Examinemos el texto.

"Que los pobres en espíritu se gocen, porque de ellos es el reino de los cielos". El Dr. Harold Ockenga una vez explicó: "Para ser llenos del Espíritu debemos cumplir con las condiciones de Dios. Para comenzar, confesar a Dios que *no* estamos llenos del Espíritu".[4] "Pobre en espíritu" podría querer decir un sentido de fracaso, compasión de uno mismo, depresión, desesperanza, falta de fe o falta de autoconfianza. Jesús sabía de qué hablaba. Vaciarnos de espíritus negativos es exactamente lo que necesitamos hacer antes de recibir la llenura del Espíritu Santo. Vamos a la cruz, somos crucificados con Cristo, y entonces – ¡nos llevamos el gozo!

La razón por la que muchos esforzados, sinceros creyentes fallan en encontrar el gozo en su vida cristiana, es que no son llenos del Espíritu. Y la razón por la que no son llenos con el Espíritu Santo es que están ocupados con todos los espíritus no santos –es decir, las actitudes críticas– y esos espíritus monopolizan el tiempo y esfuerzo de los creyentes: hostilidad, resentimiento, temor, amargura, envidia, revancha, antagonismo, arrogancia, amor a sí mismos… la lista sigue y sigue. Ser llenos del Espíritu es estar llenos de amor. ¿Cómo podemos disfrutar la llenura del Espíritu Santo, que es Dios,

¡Tómelo todo!

si uno está lleno con todo lo demás?

"Que los que se lamentan se gocen, porque serán consolados". La respuesta al lamento es la provisión natural de Dios para enfrentar las tragedias de la vida. Las lágrimas son el bálsamo de Dios en los tiempos de dolor. Dios nunca diseñó un labio superior rígido. Lo hizo flexible para enfrentar las demandas de la vida. Eventualmente la época del lamento terminará, y el dolor se calmará. Hay un bálsamo en Galaad. Dios enviará consuelo y restauración y el gozo volverá.

"Que los mansos tengan gozo, porque ellos heredarán la Tierra". La mansedumbre siempre es confundida con la timidez, lo cual es ilógico. Cuando un soldado o marinero saluda a su superior, ¿eso es timidez? Considere la ilustración de una puerta cerrada. Tres personas desean atravesarla. Una es agresiva, y la tira abajo porque piensa que está cerrada. Otra se para delante tímidamente, temerosa de probar si está cerrada o no. Una tercera persona es mansa. Prueba para ver si la puerta está abierta. Si está, la abre y la atraviesa. Los cristianos no son agresivos ni tímidos; son mansos.

"Que aquellos que tienen hambre y sed de justicia se gocen, porque serán saciados". Hacer la correcta elección y sentir el gozo de ello es una de las emociones más grandes de la vida. Escuché a un hombre joven decir en la iglesia: "He cambiado mi dirección, amigos, sabía vivir en Broadway, pero ahora me mudé a la calle Derecha. Si quiere hablarme, allí es donde me hallarán."[6] Para ponernos en camino tenemos que darnos cuenta que hay uno recto y otro equivocado. Elija el correcto, tenga hambre y sed de justicia delante de Dios, y Dios lo llenará con su Espíritu y con gozo.

"Que los misericordiosos tengan gozo, porque obtendrán misericordia". Jesús no está hablando de tratos u ofertas: "Hagan esto y les daré aquello". Para hacer un negocio con Dios uno debe tener algo con qué hacer el negocio, y si tuviéramos algo con qué hacerlo no necesitaríamos misericordia. El arrepentimiento no ayuda, porque es la liquidación de todas las ayudas. Dios ejercita los derechos de la corona sobre los que le pertenecen, pero desea que las personas vayan a la cruz así Él puede derramar su misericordia dentro de ellos, hacerlas misericordiosos, y llenarlas con gozo.

Jesús Ungido de Gozo

"Que los puros de corazón se gocen, porque verán a Dios." La pureza de corazón no es común. Nosotros los cristianos pensamos que tenemos nuestras propias tentaciones bajo control, pero vuelven a la superficie. El mundo lo sabe, y Dios lo sabe. ¿Cómo nos verá Dios? Todos somos siervos inútiles, pero hay un recurso diario:

Yo necesito regresar al hogar por el camino de la cruz,
no hay otro camino sino este.[7]

La Biblia nos dice: *"Si confesamos nuestros pecados, Él es fiel y justo para perdonar nuestros pecados y limpiarnos de toda maldad"* (1 Juan 1:9). ¡Así que alégrese! Porque el gozo viene por la pureza del corazón. Jesús lo sabía: Él también fue tentado.

"Que los pacificadores se gocen, porque serán llamados hijos de Dios." Una vez en Escocia detuve a dos muchachitos que estaban peleando furiosamente en una calle de Edimburgo. Les pregunté si se separarían si les ofrecía a cada uno un centavo. (En aquellos días los centavos eran grandes soluciones). Los muchachos estuvieron de acuerdo; se dieron las manos y cayeron en los brazos uno del otro, y se fueron riendo para ir a gastar lo ganado. Pero el soborno no traerá un cese de fuego hoy en día; el rencor llega demasiado hondo. Dios es el único pacificador. Nuestro mensaje es que nuestro Padre envió a su Hijo, Jesucristo, para hacer la paz a través de la sangre de la cruz. Las artes marciales nunca conseguirán la paz. Jesucristo lo hará, y agregará el gozo del Señor.

"Que aquellos que son perseguidos por causa de la justicia se gocen, porque de ellos es el Reino de los cielos." Madame Jeanne Marie Guyon escribió: "Una vez que hemos gustado a Dios y la dulzura de su amor, encontraremos imposible descansar en nada que no sea Él mismo". Madame Guyon pasó 30 años en confinamiento por su fe, una víctima de la persecución por su propia iglesia. Ocho de aquellos años los pasó en la conocida Bastilla en París. Que un cristiano perseguido lleve el gozo del Señor a los calabozos de este mundo es, desde el punto de vista humano, imposible; pero con Dios todas las cosas son posibles.

Particularmente interesantes son los dos próximos versículos, que tienen más que decir sobre la persecución "por causa de la justicia". En esta exposición dice: "Gócense cuando los hombres los vituperen y persigan por causa de mi nombre y digan toda clase de mal contra vosotros, mintiendo. Gozaos y alegraos por que vuestro galardón es grande en los cielos, porque así persiguieron a los profetas que fueron antes de vosotros".

Aún antes de comenzar su ministerio, de acuerdo al Evangelio de Marcos, Jesús estaba encontrando fuerte oposición. Su adversario era Satán, a quién encontró en el desierto, y lo venció con tres pasajes del Antiguo Testamento. Poco tiempo después Jesús regresó a Galilea y sanó al hombre paralítico, y le dijo que sus pecados eran perdonados. Jesús allí mismo levantó algo de persecución humana que aumentó después de que comió con algunos personajes cuestionables y realizó una sanidad un día sábado. Ya por el comienzo del tercer capítulo de Marcos, los enemigos de Jesús planeaban cómo hacerlo desaparecer.

De nuestros días pasados en la frontera viene un dicho que cuando uno está hasta el cuello de lagartos, es difícil tener en mente el hecho de que está allí para drenar el pantano. Cuando las personas lo están siguiendo, tratando de cazarlo y atraparlo, es difícil mantener un aspecto sereno de gozo. Y cuando está tratando de limpiar de vendedores comerciales los atrios del santuario, es difícil traslucir un espíritu de bondad.

En los siguientes tres años los "guardadores de la ley" buscaron cambiar al hombre de gozo en un hombre de dolores. Hay un sentido sin dudas en el cual el título "Varón de dolores" se aplica apropiadamente a Jesús. Es un título mesiánico, y Jesús al cumplir la voluntad de su Padre, asumió el rol profético tan conmovedoramente descripto en Isaías 53.

Sin embargo, cuando los cristianos hablan de Jesús como un "varón de dolores" que estaba "experimentado en quebranto", no están describiendo su naturaleza espiritual interior. El quebranto muchas veces le fue arrojado al Señor por sus enemigos con azotes y maldiciones. Él no cambió su gozo por el dolor; el dolor le vino enteramente de afuera, pero el gozo se mantuvo por dentro. Si Jesús se familiarizó con el quebranto, únicamente fue para resistirlo.

Jesús Ungido de Gozo

Tal vez se le ha ocurrido hacer una pregunta: ¿por qué tan pocas veces la figura artística de nuestro Salvador se describe con una expresión benigna y gozosa en su rostro? Tradicionalmente aparece en un estado de extrema agonía. Debe recordarse que tan horrible como fue la crucifixión, y tan oportuna para nuestra salvación como probó ser, le siguió la resurrección, en la cual el Padre Celestial cambió la muerte y la desesperación en gloriosa victoria. Esa victoria aún está siendo celebrada por sus seguidores de El Camino, no solamente en el tiempo de la Pascua, sino cada día del año calendario.

El cuadro de Jack Jewell *El Cristo resucitado al lado del mar*, es un intento serio de poner una expresión genuina de gozo sobre el rostro de Jesús. Naturalmente, los cristianos están divididos en su reacción hacia la sonrisa. Pero la expresión del corazón de Jesús me dice francamente: "gózate". Dice: "regocíjate, grita, salta, danza, ríe; fuera con las largas caras de sobriedad, con la falsa reverencia y la intensidad fabricada al tratar con los temas sagrados".

Sé que en algunas iglesias hoy el mensaje es "Dad, dad y el Señor los bendecirá. Dad, y llegarán con su presupuesto". En las bienaventuranzas la palabra de Jesús es más bien "Tomad". Es una palabra profética: "Tomad, tomad el gozo ahora, porque el futuro es de mi Padre y el futuro es de ustedes".

La iglesia llena de gozo

*José silbó y María cantó,
María cantó, María cantó.
Y todas las campanas sobre la Tierra sonaron
para gozo nuestro Señor nació.*
> **Anónimo**

La Iglesia de Jesucristo es el más apasionante, más espectacular, más hermoso cuerpo de personas buenas en el mundo. Si usted es un cristiano, esta es su gente. Durante dos milenios estos "santos" han estado "marchando" y "dando vueltas el mundo patas arriba", y ahora están entrando en el tercer milenio.

La comunidad cristiana fue fundada por Jesucristo mismo. La iglesia del Nuevo Testamento fue una iglesia militante y lo es aún, mientras va en camino de transformarse en la iglesia triunfante del reino de Dios. Hoy es "tan visible y corporativa", dice Reginald Fullet, "como el individuo cristiano".

Cada vez que se forma una nueva congregación en oración y búsqueda, y recibe las bendiciones de Dios, ese nuevo grupo de creyentes se transforma en parte de la iglesia universal. Tal como usted probablemente ya sabe, no es inusual para una parte de la iglesia el reclamar ser "la única iglesia verdadera". No debemos inquie-

VEINTICUATRO

tarnos por tales reclamos. Jesús es la cabeza de la iglesia, su Santo Espíritu maneja la iglesia, y el Espíritu es tan libre como el viento. Ningún individuo y ninguna iglesia ha sido capturada, puesta en caja, ordenada o expropiada por el Espíritu Santo, pero Él sabe quiénes son los suyos.

Jesús le ha dado a su Iglesia un mensaje gozoso. Son las grandiosas nuevas que jamás hayan venido a la raza humana. Ningún otro sistema de creencias en el mundo puede combinar con el Evangelio de Cristo en su gozosa seguridad del amor de Dios y su provisión para nuestra salvación.

Si usted desea gozo, encuentre una iglesia donde haya algunos alegres cristianos −no cultistas, sino comunes, genuinos, hogareños cristianos− y únase a ellos en su alegría. Encuentre algún pastor cuya vida de oración dé como resultado una verdadera predicación bíblica, que alimentará su alma con un sermón Evangélico salido del Libro y que lo deje con ganas de escuchar más; y cuya vida real esté de acuerdo con el ministerio.

Ir a la iglesia los domingos puede ser una magnífica aventura. Ver a una congregación levantarse y celebrar una proclamación directa de la verdad es el gozo en su más alta exaltación. Ver a las personas de todas las edades responder a la invitación a recibir a Jesucristo como Salvador y Señor, luego de una exposición de la fe una vez entregada a los santos, es una bendecida y emocionante experiencia.

Pero hay más con respecto al gozo en la iglesia que simplemente escuchar una excelente retórica. Muchos caminos del ministerio están abiertos a los cristianos que están deseosos y pueden responder. No estoy hablando de ser ujieres y cantar, tan importantes como son esas actividades. Hablo ahora acerca del profundo regocijo interior que está abierto a los cristianos que se ponen las vestimentas de alabanza y comienzan a testificar de Cristo en el mercado.

George Gallup Jr., un bien conocido encuestador, cuando habló en una conferencia de ministerios urbanos en Nueva Jersey, reveló algunos datos estadísticos inusuales surgidos de recientes encuestas concernientes a lo que él llamó "alta fe espiritual" de ciertos cristianos americanos hoy. Dijo así:

La iglesia llena de gozo

Estas personas están formadas aparte. Son más tolerantes con la gente de diferentes trasfondos. Están más involucrados en actividades de caridad y cristianismo práctico. Están absolutamente comprometidos a la oración. Son mucho, mucho más felices que el resto de la población. Estos son los santos silenciosos en nuestra sociedad que tienen un impacto desproporcionado, poderoso, en nuestras comunidades.[1]

A la luz de tales informes resplandecientes, ¿por qué es que la mayoría de las iglesias en América tienen menos de cien miembros, y parecen tener grandes luchas para pagar sus facturas al término de cada mes? Estas son personas espléndidas, la sal de la Tierra. Sus caracteres son profundos. Su teología ortodoxa. Su salvación está segura. Los ministros son dedicados y sinceros. ¿Qué es lo que impide a la congregación crecer naturalmente? ¿Qué es lo que hace que tantos de sus líderes confiesen su desaliento?

No sé, pero tengo una noción. Pienso que lo que está faltando en muchas iglesias es el gozo del Señor.

Como yo lo veo, la iglesia como un todo ha atesorado todo este rico oro del Evangelio, pero no siempre parece saber cómo refinarlo. Con demasiada frecuencia presenta al Evangelio en lo que Milton llamó una "oscura luz religiosa" que empaña la enseñanza simple del arrepentimiento y la liberación[2]. Hacemos ver el camino hacia Jesús demasiado difícil para la persona común. Hay demasiadas escalinatas, demasiada religiosidad. Cambiamos las promesas optimistas de gozo, buen ánimo y alegría del corazón que son originales del Nuevo Testamento, en algo legalista, pesado y deprimente. Aunque las personas realmente les gusta y admiran a Jesús, no se sienten lo suficientemente bien o fuertes para hacer el esfuerzo espiritual de seguirlo (sin embargo, Jesús dijo "mi carga es ligera").

Miremos nuevamente dónde estamos. El Nuevo Testamento ha dado a la iglesia un entendimiento claro del más grande problema que enfrenta la raza humana, que es simplemente cómo enfrentar a un Dios Santo tal como somos nosotros: pecadores. El rey, la reina, el presidente, el abogado, el que quiebra la ley, el obispo, la prostituta, el carnicero, el panadero, el que hace velas, usted y yo hemos caído de la gloria de Dios. Como somos, Dios no puede, no lo haría y no nos recibirá. No merecemos el cielo. ¿Entonces quién?

La iglesia tiene la respuesta, y la respuesta es Jesús. Él vino y cubrió el abismo entre Dios y el pecado. La iglesia puede proclamar al mundo que en Cristo nuestro "Problema de Dios" ha sido resuelto. Aunque somos pecadores, podemos descansar. Por fe en Jesús somos justificados delante de Dios. Por fe somos lavados en la sangre del Cordero. Podemos ahora estar frente a Dios en su santidad. El sacrificio vicario por el pecado ha sido hecho. El Cordero de Dios fue muerto, el precio ha sido pagado, la sangre ha sido derramada por nuestra redención. Nuestros pecados son absueltos por la gracia de Dios y nuestro futuro asegurado. Gracias a la obra sobre la cruz de nuestro Señor Jesucristo, el boleto al cielo ya ha sido extendido. El Espíritu Santo lo tiene reservado esperándonos en el aeropuerto.

¡Si esas no son buenas noticias, no sé cuáles son! No me diga: "Sí, pero…". "No lo escucho, no voy a discutir". Ningún alma fue jamás salva con un "sí, pero...". Ninguna iglesia jamás bendijo un pueblo o ciudad con el mensaje de "sí, pero...". No hay un "sí, pero..." sobre nuestros pecados. Son reales. El Evangelio nos dice qué hacer con ellos. O el Evangelio es verdadero o no lo es. O la iglesia predica el Evangelio o no lo hace.

Me gusta pensar sobre el tren. Porque crecí en la era de los trenes. La iglesia es un Evangelio de tren, que sale de la terminal en un viaje directo al cielo. Es divertido viajar. Es un viaje gratis si usted tiene su boleto. Es un viaje limpio, hermoso, gozoso. El diablo detesta el tren del Evangelio y trata de hacerlo descarrilar, pero Dios tiene su equipo de la Iglesia que trabaja en la vía para que todo vaya bien. Ese tren va a llegar. Todo lo que tenemos que hacer es subir a bordo, cuidar nuestros asientos y no asomarnos fuera de las ventanillas.

Samuel Porter Jones, uno de los más grandiosos predicadores del Sur, tenía una manera clásica de invitar a las personas al reino de Dios, a aquellos que piensan que no están listos para ello. Su humor ha llevado grandes multitudes de personas. Su vida juvenil estuvo inundada de bebida, pero el gozo de su salvación era tan exuberante que lo transformó en un predicador requerido en todas partes.

El Sr. Jones se acercó a un hombre con una invitación a venir a Jesús, y el hombre le dijo: "No señor, yo no voy con esto".

Jones le dijo: "Venga y póngase en forma".

Pero el hombre respondió: "No estoy en forma para ponerme en forma".

Jones le dijo: "Déjeme decirle que el mismo hecho de que usted no se siente en forma es lo que lo aprueba para Dios... yo nunca me he sentido merecedor de la membresía en la Iglesia de Jesucristo".

Es porque la iglesia es tal bendición para la humanidad, y porque yo fui una vez nutrido en ella y la amo hoy en día más que nunca, que sugiero que mientras el Evangelio es proclamado hoy con frecuencia, hay una omisión en su mensaje. Durante años no vi la omisión aunque sentía la falta. El Dr. Lloyd John Ogilvie, el actual honorable capellán del Senado de los Estados Unidos, señaló esto:

El gozo es el ingrediente faltante en la cristiandad contemporánea.

El problema es nuestra piedad impotente y nuestra sombría religiosidad.

¡El ingrediente faltante! Jesús vino a traer un mensaje de gozo al mundo, ¿y a dónde ha quedado? ¿Cuándo comenzarán todas las iglesias a sonreír y cantar con fervor y a amarse unos a otros, o en todo caso a comportarse de modo que el mundo aprenda lo que realmente quiere decir conocer a Jesucristo? La Biblia dice que hay un tiempo para reír y un tiempo para danzar. Yo diría que el tiempo ha llegado; hemos tenido suficiente con las sombrías pinturas religiosas, estatuas e íconos. Hemos tenido suficientes reprimendas de oficiales rigurosos de la iglesia acerca de respetar sus propias dignidades.

Tommaso Campanella (1568-1639), un monje dominicano que pasó 26 años en una prisión en Nápoles por sus puntos de vista políticos y religiosos, escribió un soneto, *Sobre la resurrección*, que se registró como una temprana protesta. Aquí está traducido del italiano:

> Si Cristo se quedó solo seis horas sobre la cruz
> luego de unos pocos años de penas y aflicciones,
> que sufrió voluntariamente por la humanidad
> para que el cielo pudiera ser comprado para siempre,
> ¿por qué en todas partes se lo ve pintado y es predicado
> únicamente en tormentos que fueron livianos
> comparados con el gozo que siguió cuando
> los malvados crueles hechos del mundo terminaron?
>
> ¿Por qué no hablar y escribir acerca del majestuoso reino
> que Él disfruta en los cielos y pronto traerá a la Tierra
> para gloria y alabanza de su valioso nombre?
> Oh, insensata multitud, porque estás tan atada al mundo
> y tienes los ojos únicamente en el día de su sufrimiento,
> ves su alto triunfo desprovisto de su verdadero valor.[4]

Las personas que hablan de la necesidad de dar una mirada un poco menos seria a nuestra fe común, con frecuencia son acusadas de liviandad. Sin embargo, yo no conozco a ningún creyente sincero que quiera hacer chistes sobre las cosas más santas de la vida. Esa es la obra del diablo. Por supuesto que la veneración y respeto siempre son debidos a la bendita Trinidad. Se nos dice que adoremos al Señor en la hermosura de su santidad; pero eso no necesariamente requiere un tono menor. Dios le dijo a su profeta Isaías: *"Yo los (…) reacrearé en mi santo monte"*.[5] ¡Encontremos esto! Los Salmos nos dicen que hagamos un ruido gozoso al Señor, que lo alabemos con toda clase de instrumentos.

Algo de la responsabilidad de la falta de gozo en la iglesia puede atribuirse a los traductores de La Biblia. Durante siglos se han hecho cargo de exponer los textos originales en lenguaje reprimido y "religioso", el cual, si bien es bastante exacto, oculta, sin embargo, algunas frases brillantes y frescas, fuertes expresiones en el hebreo y griego originales. Por ejemplo, traducirán *spermologos* (pájaro que picotea semillas) como "balbuceante" y *skandalon* (escándalo, ofensa) como "piedra de tropiezo".

Cuando examinamos los manuscritos originales encontramos que en pequeñas y sutiles maneras la atmósfera hilarante de Jesús y sus seguidores ha sido reducida aquietándola al traducirla con cierta santurronería. John Ellington, consultor de traducción de las Sociedades Bíblicas Unidas, escribe: "La Biblia está repleta con ejemplos de [humor] que deben haber hecho reír o sonreír a los lectores originales". Admite que el "humor es notablemente difícil de traducir", pero agrega que "muchos traductores de La Biblia son reacios a poner humor aún luego de que se les ha indicado".[6]

La piedad no es una manta mojada para extinguir el gozo. La verdadera piedad es gozo – espiritual, maravilloso. Gladys Collins, de Green Mountain, Carolina del Norte, escribe: "Soy miembro de una iglesia. El área donde vivo es conocida como el Cinturón Bíblico. Creo que encontrará más iglesias aquí que en ningún lugar del mundo; sin embargo, cuando asiste a un servicio de adoración, en la mayoría de los lugares usted se va deprimido. Creo que deberíamos irnos gozosos y llenos del Espíritu Santo". Ella dice bien. El gozo es probablemente la palabra menos considerada en el léxico cristiano. Sin embargo, el Nuevo Testamento la utiliza generosamente.

Entonces, ¿qué estamos buscando nosotros, la gente de la iglesia? ¿Por qué continuamos viniendo a la iglesia año tras año? ¿Es para tener religión? ¿O es por un seguro espiritual – tenemos temor de que nos suceda algo terrible? Cuando entrevisté a C. S. Lewis en Cambridge, Inglaterra, en 1963, me dijo: "Me cuesta mucho no reírme cuando me encuentro con personas que se preocupan sobre una futura destrucción de algún tipo u otro. ¿No sabían que iban a morir de todos modos? Aparentemente, no."[7]

Es posible que lo que buscamos sea esa cosa esquiva, maravillosa, que La Biblia llama el gozo del Señor. La verdad es que ese gozo ha sido un atributo de Dios desde el comienzo de la creación. Hemos visto que en el libro de Isaías el Señor le dice a su profeta: "Mas os gozaréis y os alegraréis para siempre en las cosas que he creado".[8] Utiliza dos verbos, ¡lo dice dos veces, para enfatizar! Sin embargo, generación tras generación de creyentes fieles aparentemente se han desviado a pensar que el gozo no existe en la fe cristiana. Mucho del problema se crea no por nuestra falta de conciencia de la presencia divina, sino por la completamente innecesaria gravedad con la cual nuestros líderes protegen sus propias dignidades, y la poco natural postura eclesiástica que tan fácilmente se transforma en dominante arrogancia y engreimiento.

Un clérigo episcopal, Dudley Zuver, ha observado: "Una de las maneras más rápidas y totalmente efectivas de anular a Dios es reverenciarlo descartando su existencia".[9] Agregue a la mezcla el aparentemente interminable protocolo que ata nuestros procedimientos eclesiásticos con nudos y prueba ser una enorme pérdida de tiempo, y tendremos la iglesia de hoy.

Dorothy Sayers ha señalado que mientras "la fe cristiana es el drama más emocionante que alguna vez asombrara la imaginación del hombre", hoy nos arreglamos para "mostrar al mundo el cristiano típico como un completo y casi enfermizo aburrido – y esto en el Nombre de Uno que seguramente nunca aburrió a ningún alma en aquellos treinta y tres años durante los cuales los pasó en el mundo como una llama".[10]

¿Dónde perdió terreno el que asiste a la iglesia? ¿Cómo nos alejamos tanto del gozo del Señor? ¿No es extraño que debamos cortar —ser amputados— de la esperanza de aquello que nos atrajo a la iglesia en primer lugar?

Algunos piensan que no es extraño para nada. Sea por razones teológicas o sociológicas, piensan que los cristianos deberían pasar sus días apenados y llorando sobre sus propios pecados o los pecados corporativos. Pero la respuesta de Hendrik Kraemer, el líder cristiano holandés que los nazis torturaron en un campo de concentración, fue un "¡No!" apasionado. En Edimburgo, en 1951, lo escuché decir: "Nosotros los cristianos debemos poner el gozo de Cristo de nuevo dentro de nuestra religión. ¡Estamos negando a Cristo al perderlo!" Elton Trueblood escribió en 1964: "El cristiano es gozoso, no porque es ciego a la injusticia y el sufrimiento, sino porque está convencido que estos, a la luz de la divina soberanía, no son jamás lo fundamental. El cristiano puede ser triste, y con frecuencia indeciso, pero no está jamás preocupado, porque sabe que el propósito de Dios es traer todas las cosas en los cielos y en la Tierra bajo una cabeza, a Cristo"[11].

Finalmente, cerremos con un apacible voto de hacer algo para levantar nuestra iglesia. ¿Cómo? Con una sola palabra: ¡Evangelismo! Esta es la forma en que William Tyndale, mártir y traductor de La Biblia, puso esa palabra tan querida a nuestros corazones en el prólogo a la traducción inglesa del Nuevo Testamento, que fue publicada en 1525:

> Evangelio (que en inglés se dice *gospel*) es una palabra griega, que significa comida, gozo, alegría y noticias gozosas que hacen alegre el corazón del hombre, y lo hacen cantar, danzar, y saltar de gozo.[12]

¡Quiera Dios bendecir su iglesia y llenarla con "evangelio"!

EL PARAÍSO PERDIDO Y ENCONTRADO

El paraíso perdido

¿Qué ha ocurrido con todo vuestro gozo?
> **Gálatas 4:15 NVI**

Acabo de terminar de leer un libro algo raro – una discusión del gozo cristiano por un escritor cristiano. Por cualquier cosa buena que este libro pueda contener, quiera el gran dador del gozo recibir el agradecimiento y la gloria en su altar de incienso.

Y ahora la hora de la verdad ha llegado para mí. Hasta hace más de veinte años me sentía ajeno al gozo del Señor. Aún durante mis años como cristiano, la cara gozosa que ponía con frecuencia enmascaraba un montón de cenizas de descontento.

Es difícil saber qué decir sobre el lado oscuro de mi vida antes de 1972. Rembrandt, un maestro del claroscuro, utilizaba las sombras profundas con excelencia artística para acentuar los colores alegres de sus pinturas. Mi propia oscuridad se hizo tan miserable que yo detestaba mencionarla. Hacerlo para que Dios sea glorificado no es fácil, sin embargo, puede ayudar a alguien a aprender que el Espíritu Santo puede

VEINTICINCO

cambiar un alma de gusano en una mariposa colorida.

Mi problema no tenía relación con las iglesias que servía, o sus miembros, o cualquier persona en las organizaciones cristianas en las cuales he trabajado. Generalmente me llevo bien con las personas. Ni tenía nada que ver con el carácter moral como tal, porque era un buen ciudadano y fiel esposo y padre – y aún lo soy.

Pero durante gran parte de mis primeros años tuve una queja contra el mundo, y probablemente la hubiera tenido contra el Dios viviente si lo hubiera conocido – ya que no lo conocía. Esta queja reflejaba mi propio sentido profundo de incapacidad, que era el problema real. Llegué sobre el planeta como el último de seis niños, con un hermano mayor que era más alto, grande, fuerte y rápido que yo, y me tenía sujeto todo el tiempo. En la escuela me transformé en "pequeño presumido", siempre al final de la fila, ignorado en el patio de juegos y fuera de todos los equipos hasta que tuve la extraña sensación de que ni siquiera estaba allí.

"¿Y con eso qué?" usted se pregunta. "¿Qué hay de nuevo? Montones de chicos tienen problemas de adaptación en el colegio."

Sí, pero había más. No me gustaba ser una cifra. En lugar de ser un pequeño, castañeteando mis dientes por la frustración, yo quería ser uno grande encargado de las cosas. Mi ardiente ambición, como suelen decir los relatores de historias, no conocía límites, pero no me llevaba a ningún lugar. Esto era nuevamente, mi propia ineficacia expresándose por contraste.

Al llegar a la adolescencia comencé a pasar tristes momentos delante del espejo, detestándome con todas las fuerzas, y negándome a ponerme de acuerdo con mi cuerpo. ¡Cuánto deseaba tener unos hombros anchos para poder llevar las letras de la escuela en mi buzo delante de las chicas y ganar alabanzas en el campo de juego! Quería mejores piernas, brazos más largos, más altura y una cara más linda. En lugar de eso no tenía nada.

Todo este narcisismo hizo que tuviera pocos amigos, y dado que el atletismo estaba más allá de mi alcance, elegí ser escritor. En la escuela secundaria en la clase de inglés leí una frase de Henry Thoreau: "La mayoría de los hombres viven vidas de desesperación silenciosa". Eso me dijo cómo iba a ser mi futuro.

El paraíso perdido

A la escuela secundaria de Berkeley le siguió la Universidad de California al otro lado de la ciudad. No me llevó mucho tiempo para que Filosofía 5-A, utilizando el *De Rerum Natura* de Lucrecio, convenciera a mi débil cerebro que la Escuela Dominical eran tonterías y que Dios no existía. Así se lo informé a mis padres.

Una noche, cuando tenía 17 años y todavía vivía en casa, no pude dormir. Entré al estudio de mi padre y lo encontré sentado en su escritorio. (Como recolector de fondos para causas de ayuda siempre estaba lejos en largos viajes la mayor parte del tiempo). Le dije: "Papá, no me gusta lo que estoy haciendo. No quiero ser un hombre de las noticias. Lo que quiero hacer realmente es algo útil con mi vida, algo que pueda ayudar a las personas; pero estoy estancado. No sé qué hacer".

Mi padre, como lo supe después, había sido salvo en una reunión en la Iglesia Metodista de Jamestown, Dakota del Norte, a la edad de 21. Él me habrá dado palabras de aliento aquella noche, pero me he olvidado cuáles fueron. Estoy seguro que no mencionó el nombre de Jesús. Me envió de regreso a la cama y la vida continuó.

Por alguna razón, una fraternidad eligió incorporarme. Como uno que recién ingresaba fui forzado a resistir intentos de molestarme por otros "hermanos" mayores luego de la comida –todo "por diversión"– y también aprendí cómo pelear como un tigre. Algunos otros jóvenes en esa fraternidad eran, como puedo recordarlo, buenos estudiantes y fuertes, destacados cristianos. Me retiré de ellos y preferí andar detrás del grupo que les gustaba el yaz que en su tiempo libre bebían, fumaban, decían palabrotas y cantaban canciones obscenas.

Los líderes de la fraternidad sabían que era el hijo de un ministro, y no estaban impresionados por mis tremendos esfuerzos para transformarme en el HGDU (Hombre grande de la Universidad). Cuando eligieron un capellán para sus reuniones en las casas me dejaron de lado. Mientras tanto me presenté al editor de *The Daily Californian* y no entré.

En los primeros siete años luego de la graduación de la universidad trabajé como reportero en diarios de California, Hawaii y Alaska. A la edad de 29 dejé la profesión. Era hora de enfrentar los

Jesús Ungido de Gozo

hechos: había fracasado como escritor, tenía dos libros terminados, pero ninguno de los dos había sido impreso. Había también trastabillado en otras cosas, no estaba casado, sin trabajo, y virtualmente sin un centavo, mientras todos mis compañeros iban ascendiendo la escalera del éxito económico.

La religión nunca había sido un interés vocacional mío, a pesar de que dos de mis hermanos habían entrado al ministerio. Gradualmente había vuelto a creer en Dios, pero Él seguía siendo para mí una especie de "plancha rectangular". Fue en ese punto, aparentemente al haber fracasado en todo lo demás, que descansé en la persuasión de mis hermanos y en 1940 hice la solicitud para ser admitido en el seminario teológico.

Ningún "llamado" espiritual de parte de Dios ni de nadie más afectó esta decisión. Una oración silenciosa fue toda la espiritualidad que pude conseguir. Mi situación probablemente se parecía en alguna manera a la de *Elmer Gantry* de Sinclair Lewis, cuyo "llamado" al ministerio le vino mientras tomaba unas cuantas cervezas en un bar de paso. El presidente anterior de mi fraternidad me presentó el panorama informándome: "Francamente, no puedo imaginarte en el púlpito".

Fue realmente absurdo, y ahora me río de eso. En aquel momento yo estaba como a un kilómetro de distancia del Señor, pero no sabía que no lo conocía. En el seminario teológico en el cual me enrolé, no parecía que les importara demasiado si lo conocía a Él o no. Las preguntas semanales incluían temas como: "¿Por qué Pablo dijo que Agar era el Monte Sinaí?" y " ¿Discutiría la metafísica del personalismo individualista?".

Dos encuentros durante los años del seminario atravesaron mi oscuridad. Pearl Harbor había llevado a los Estados Unidos a la segunda Guerra Mundial, y con mi certificado pasé un verano trabajando por el esfuerzo de la guerra en la marina, en la bahía de San Francisco. Como controlador del tiempo fue mi tarea cada mañana y tarde contactar al grupo de trabajo de la construcción.

Mientras hacía eso me encontré con un agradable operario de una draga, de mediana edad, llamado Esteban. Alguien me dijo que Esteban profesaba ser un cristiano pentecostal, y como el personal

El paraíso perdido

de la dársena no era particularmente conocido por su espiritualidad, eso incitó mi curiosidad. Al comenzar una conversación con Esteban un día, le pregunté si asistía a la iglesia.

Se apoyó en su pala y dijo: "Sí, voy a la iglesia. Es miércoles y estaré allí esta noche".

"¿Disfrutas de la iglesia?", le pregunté.

"Bueno, sí, disfruto de la Palabra", respondió. "Algunas veces tengo real hambre por ella, como cuando tengo ganas de comer un buen bife".

¿Un trozo de bife? ¿La Biblia?

Algunas semanas después me encontré con otro hombre mientras iba en bicicleta desde mi seminario en Berkeley a la dársena naval. Este caballero manejaba un viejo modelo A de Ford, y se detuvo para llevarme. Luego de estrecharnos las manos me sonrió y me preguntó si era salvo. Yo detestaba que las personas me preguntaran eso. (Ahora me encanta que lo hagan.) Simplemente no sabía si era salvo o no. Le dije que era un estudiante de teología. Esa no era en realidad la respuesta que él esperaba; durante los próximos pocos kilómetros escuché el tributo más cálido y entusiasta del amor y poder de Jesucristo que haya escuchado jamás. Yo me repetía: "Él no es un ministro. No gana nada con hacer esto. ¿Por qué lo hace?"

Graciosamente, el hombre no siguió con sus preguntas. Simplemente exhalaba el gozo de la salvación del Señor. Se derramaba tanto desde su corazón que me dejó preguntándome: ¿Qué me falta en mi cristianismo? En el cruce de las avenidas me dejó luego de otro apretón de manos, luego sonrió y me deseó lo mejor.

Nunca olvidaré a ninguno de estos dos hombres.

Dos años después me había casado con una piadosa joven cristiana que realmente conocía al Señor. Ella y su igualmente piadosa madre tenían la versión original de la Biblia Scofield. Les llevó tiempo, pero eventualmente me llevaron a la fe en Cristo, y el cambio espiritual se transformó en algo muy real. Ellas tenían al Espíritu Santo. Ignoraron lo que me enseñaban en el seminario y me alimentaron con "el bife" de la Palabra de Dios. Me enseñaron a dejar de predicar *sobre* La Palabra de Dios y que comenzara a predicar La Biblia. Terminé el Seminario, serví 26 meses como capellán en la

Jesús Ungido de Gozo

Fuerza Aérea del Ejercito, logré un doctorado en filosofía en Escocia en el tema de "Carta de Derechos", regresé al área de San Francisco y fui pastor en iglesias durante ocho años hasta 1959.

En este momento podía predicar el mensaje de salvación y las personas lo apreciaban. Sin embargo, el diablo continuaba haciéndome sentir como si la vida me hubiera engañado, y con frecuencia me preguntaba: ¿Por qué yo no podía ser otra persona? Esta atmósfera de queja y descontento aún afectó las relaciones con mi familia. Teológicamente estaba atado a los cielos, pero en la realidad todavía me aferraba a la infelicidad de quién era yo, y sumergía mi alma en autocompasión. Leía libros, tomaba cursos como graduado, escuchaba conferencias en el Instituto Jung en Suiza, fui paciente en una clínica de psicoterapia en Escocia y aún intenté estudiar lógica. Continuamente buscaba descubrir qué era lo que andaba mal conmigo. Al fin supe cuál era el problema, que debería haberlo sabido desde la infancia: simplemente no gustaba de mí mismo.

En abril de 1958 Billy Graham vino a San Francisco en una cruzada de siete semanas. Yo había llegado a ser un evangélico confirmado, de oración, y me gustaban los dos, Billy y su mensaje. Las puertas se abrieron para que pudiera escribir un libro sobre su cruzada, y a Billy le gustó lo que escribí. Gracias a él y a la gente de su equipo mi primer libro fue publicado por Harper como *Cruzada en el Golden Gate*. En diciembre de ese año Billy me telefoneó una noche, invitándome a unirme a su equipo y ser el editor de una nueva revista que planeaba editar. Me mudé con mi familia a Minneapolis, Minnesota, y viví allí 17 años. *Decisión* fue la revista cristiana más grande del mundo, con una circulación mensual de 5 millones de copias.

Sí. Las cosas eran grandiosas excepto que…

Cuando Satanás encuentra una debilidad en un cristiano, no pierde tiempo en explotarla. El salmista habla de transformarse en *"peregrinos y extranjeros para Dios"*. Como el cristiano de Bunyan en *El progreso del peregrino*. Caminaba torpemente en la Ciénaga del Desánimo y no tocaba el fondo. Externamente me había transformado en un periodista cristiano exitoso, pero internamente mi alma dolía. Una palabra expresaba mi más profundo sentir: "furia".

El paraíso perdido

Había tiempos en los cuales aún perdía interés por vivir. Para un cristiano, este es un tema desagradable.

Luego de que el libro sobre la Cruzada de Billy Graham apareció en 1958, mi próximo esfuerzo literario no resultó.

Mientras tanto, yo miraba a los otros cristianos alegres a mi alrededor, que sonreían, reían, que parecía que vivían unas vidas gozosas bajo la bendición del Espíritu Santo. La melancolía no llenaba La Biblia que yo leía cada día. Algunas de las iglesias a las que asistía cantaban canciones alegres. La gente con la que trabajaba tenía sus propios problemas, pero se los guardaban y ponían una cara resplandeciente. Las noticias del día eran malas, pero no peores que lo habitual. El problema era simplemente yo, yo, yo. No podía relajarme y disfrutar. El diablo había tenido éxito en robarme ese algo hermoso que La Biblia llama el gozo del Señor. Parecía estar más allá de mis posibilidades de lograrlo.

El paraíso encontrado

Oh, ¡gozo tan alto para poder mostrarlo yo!
Oh ¡dicha que se condice con un
estado más noble que el mío!
> **Philip Sidney**

Sentado en mi escritorio de la Editorial, en la revista *Decisión*, un día de 1971, abrí una carta de un amigo muy admirado, Leonard Ravenhill. Este hombre es autor de muchos libros poderosos, como *Por qué se retrasa el avivamiento*. Me escribía desde Nassau en las Bahamas, y su carta estaba fechada el 2 de diciembre. Esto es lo que decía:

> Querido Woody: Cuando las reuniones duran hasta entrada la medianoche; cuando las parejas rompen sus papeles de divorcio frente a miles de personas; cuando el jefe de policía dice que hay una oleada de confesión de crímenes; cuando los guardianes de los negocios están asombrados por el alto número de personas que admiten haber robado; y abogados, psicólogos y un sacerdote jesuita reciben la salvación; cuando los diáconos y muchos miembros de iglesias confiesan con lágrimas y gran vergüenza y

quebrantamiento que han vivido en adulterio, fornicación, robando y mintiendo; cuando los hombres de esas reuniones en Saskatoon, Canadá, vuelan al Este para predicar en la capilla del colegio Bíblico de Toronto, y la hora del culto dura hasta la una de la mañana siguiente, con gran humillación y confesiones, cuando todo esto sucede noche tras noche durante varias semanas, uno puede decir que hay un toque de avivamiento.
Ninguna plataforma con estrellas, ningún presupuesto grandioso, ningún truco en evidencia. Sin duda, los dos evangelistas tenían un bagaje de trucos modernos y los desecharon todos y se arrojaron bajo el bendito Espíritu Santo. Resultado: En este momento la ciudad canadiense de Saskatoon, Saskatchewan, está sacudida bajo el poder de Dios. El estallido abarca toda la ciudad.
Tómate un avión, mi hermano, y prueba una "¡Muestra de la gloria divina!"
Este es un preludio de la próxima gran manifestación de Dios. ¡Aleluya al Cordero! Oro por ti siempre.

- Leonard Ravenhill

Anteriormente había leído algo acerca de ese avivamiento canadiense en la prensa de Saskatoon. El informe decía específicamente que la tienda Simpson-Sears tuvo que abrir una cuenta especial para guardar todo el "dinero de la conciencia" que era devuelto por los ladrones del negocio que habían sido reavivados en las reuniones de la iglesia Bautista local. (A los cristianos que seriamente quieren saber la diferencia entre reuniones evangélicas entusiastas y el toque celestial directo del Espíritu Santo, les sugiero que una prueba de conciencia puede ayudar – tal como que se devuelvan los robos de los negocios.)

En respuesta a la carta de Len, decidí que esto podría, sin duda, ser una historia para la revista *Decisión*, y de acuerdo con eso llamé por teléfono a la iglesia Saskatoon. Me dijeron que el "avivamiento" se había movido. Los evangelistas americanos, Ralph y Lou Sutera, ministraban en Regina, y el pastor de Saskatoon, Rev. Wilbert

McLeod, conducía reuniones todas las noches en la Capilla Elim, en Winnipeg.

Entonces, llamé por teléfono a Gertrude Adrian, la gerente de la oficina canadiense del equipo de Billy Graham, y le pregunté: "¿Es verdad que hay un avivamiento en Winnipeg?"

Su respuesta fue: "Esto es gracioso. Yo fui reavivada ayer por la noche".

El miércoles 15 de diciembre de 1971 viajé en avión a Winnipeg, tomé un cuarto en un hotel, y estuve presente en el servicio de la noche en la Capilla Elim. Cientos de personas, la mayoría jóvenes, llenaban el lugar y estaban cantando algunos coros desconocidos y gozosas canciones espirituales. Toda la tarde, excepto por una breve exposición, consistió en cálidas canciones entusiastas, oración, algo de risa y muchos testimonios. Nunca había visto o escuchado nada como esto. No se dio ningún tipo de invitación, pero antes del cierre del breve mensaje del ministro más de cien jóvenes y adultos espontáneamente se agruparon en el área de frente al púlpito y se encaramaron alrededor del altar; buscaban algo llamado avivamiento.

Después, una celebración especial se realizó en una iglesia cercana y casi todos los que estaban en la Capilla Elim (excepto los que habían pasado al altar) fueron juntos bajo una temperatura de cero grado. Me uní a ellos y escuché más testimonios y pedidos de oración. Continuó hasta las primeras horas de la mañana. Al día siguiente volví a Minneapolis, asombrado y preocupado, mi cabeza llena de lo que había visto y oído.

El orador en el servicio de Winnipeg fue el Reverendo Wilber McLeod. Predicador del pueblo de las islas Vancouver, que ahora pastoreaba la Iglesia Bautista Ebenezer, en Saskatoon. El toque del Espíritu Santo había sucedido en su iglesia. Predicó esa noche del tercer capítulo de la carta de Pablo a los Colosenses, y el señor McLeod dijo algunas cosas que quemaban en mi memoria. Entre ellas:

"El Espíritu Santo es amor. Ser lleno del Espíritu es ser lleno de amor".

"No puedes cambiar a nadie, Dios puede cambiarte."

"La iglesia ha estado barriendo cosas debajo de la alfombra.

Dios está corriendo la alfombra."

"El avivamiento no es ninguna otra cosa que el Espíritu Santo que te señala con su dedo directamente a ti."

"Si deseas ser lleno con el Espíritu, debes tratar con tu problema." (*¿Cómo sabía que yo tenía problemas? ¡Y qué problemas!*)

"Ponte de rodillas y trata con eso en oración. Mientras haces eso, pide a Dios que te ponga en la cruz y te crucifique." (Citó a Gálatas 2:20.) "Luego de que hayas sido crucificado con tu Señor, puedes orar para ser lleno con su Santo Espíritu. Aún puedes dar gracias a Dios por anticipado porque Él lo ha hecho."

Estos son algunos de los testimonios de avivamiento que escuché esa noche: "Sentí como si la aplanadora de Dios me hubiera pasado por encima…" "Cuando Dios usa solvente hace un buen trabajo…" "Esto es terapia de grupo con Cristo como el centro…" "Cualquier arbusto viejo servirá, ¡mientras esté ardiendo!..." "Las personas que están bien con Dios pueden ayudarse unas a otras…" "Si no estás dispuesto a tratar con tu pecado, tal vez, es mejor que vayas a casa y 'te pongas en conserva' un poco más…" "Siento como si me hubieran quitado una bolsa de harina de 200 kilos de mis espaldas, pero cuando venía de camino a la reunión oraba para que se pinchara la rueda del auto así no tenía que venir…" "Crucificar el yo es una experiencia dolorosa, pero es el único camino a la bendición."

Algunos amigos de mi pastor en Twin Cities sabían que había visitado el avivamiento en Winnipeg, y estaban curiosos para saber lo que había escuchado y visto. Me expresaron su interés en traer algunas de las personas involucradas a hablar a las iglesias. Un mes después dos laicos que habían sido tocados, un ingeniero en construcción de puentes y su esposa, vinieron por un fin de semana. Hice los arreglos, y el domingo 9 de enero, Harry y Evelyn Thiessen hablaron en cuatro iglesias de Minnesota, casi siempre con lágrimas. Su testimonio fue recibido con entusiasmo y asombro.

Esa noche, luego del último servicio, arreglamos un servicio especial en el sótano de una de las iglesias de Minneapolis, similar al que había visitado en Winnipeg. Tal vez 25 personas se quedaron. Comenzó como una de esos fatales encuentros – una reunión de

El paraíso encontrado

oración en la cual nadie quiere orar. Me sentí responsable por el desánimo dado que yo había invitado a nuestros amigos canadienses, así que decidí animar las cosas pidiendo oración por mí. Los Thiessen me invitaron a arrodillarme ante una silla en medio del salón y algunas personas me rodearon, impusieron sus manos sobre mí, y oraron. Luego me dijeron que orara.

Lo que no esperaba era que Dios iba a dar vuelta todo. Una vez comenzado, hice lo que nunca tuve intención de hacer – expresé todo mi desanimo con la vida y la amargura hacia las personas que habían contribuido a mi descontento. Los Thiessen entonces me dijeron que le pida a Dios que me "crucifique", y luego que me llene con su Espíritu Santo. Para ser sincero, dado que varias personas tenían sus manos sobre mí, no había mucho que yo pudiera hacer.

De pronto las cosas se volvieron muy intensas y duras para mí. "El camino de la cruz" y "morir a mi yo", para una persona que piensa de sí mismo como un cristiano, no son precisamente expresiones que se encuentran en un himnario. La crucifixión es un negocio santo, tocado por la eternidad. Significa más que venir a la cruz, estar cerca de la cruz, rendirme ante la cruz, dejar mis cargas a los pies de la cruz, llevar la cruz o tomar la cruz. La autocrucifixión significa que ¡debemos estar *clavados* en la cruz! Y dado que el yo no puede y no se matará a sí mismo, tiene que ser hecho por fe. Significó para mí ser llevado al Calvario por el Espíritu de Dios. Tuve que recibir latigazos espirituales hasta que me vi a mí mismo muerto por fe.

Sentí el temor de Dios y el terror del Señor.

Una vez que me puse de pie, Evelyn Thiesen me dijo: "No sentiste nada, ¿verdad?" ¿Qué podía decir? No dije nada. Superficialmente me sentía un poco humillado y estaba también enojado con el comportamiento de los otros presentes, porque me irritaba pensar que tuve que ser el primero. Evelyn sonrió. "El sentir vendrá después", dijo, "¡y cómo!"

Cuatro o cinco días después que Evelyn Thiessen había dicho esas palabras, "¡y cómo!" en la reunión especial yo estaba sentado silenciosamente en una de las sillas de la sala de mi casa cuando de pronto, me di cuenta para mi asombro, que no tenía más animosidad hacia nadie. Era absolutamente increíble. Recordé la famosa descripción de Pascal de su propia experiencia de rapto: "¡Gozo, gozo, gozo, lágrimas de gozo!"

Me preguntaba a mí mismo: ¿Qué ha sucedido? Hice memoria, y la reunión del domingo anterior al "resplandor" me vino a la mente. ¿Podría ser eso? Pero yo había estado en muchas reuniones de oración. Entonces, conmocionado fui consciente de las palabras de Bill McLeod: "Si quieres ser lleno con el Espíritu…!" ¡El Espíritu de Dios! ¡Estuvo allí!

Al pensar sobre la cruz, algo que el evangelista Sam P. Joes dijo una vez me vino a la mente: "El Señor pesca en el fondo". Recordé, también, que cuando le preguntaron al Dr. Will Houghton, cuánto había dejado en su testamento cierto rico caballero, que había muerto, el Dr. Houghton contestó: "Lo dejó todo".

Yo quería reír. Silenciosamente, sin dudas, el Espíritu de Dios me había tocado.

Sin brillos. Ni llamas azules. Pero ya no estaba más triste conmigo mismo; es más: ¡no lo estaría con nadie más nuevamente! Todo lo que había tenido como resentimiento en mi vida se había evaporado, como el gato de Cheshire en el árbol, del relato de *Alicia en el país de las maravillas*. ¡Todo lo que quedaba era la sonrisa! La verdad es que nada en mi situación o relaciones había cambiado, pero la amargura y el enojo ahora se habían vuelto en agradecimiento, me dejaron con un maravilloso sentir de paz y gozo. Amaba a todos.

Sentado allí, hacía la primera de muchas vacilantes disculpas a mi esposa por tantas cosas, abrí mi Biblia en uno de mis pasajes favoritos, Nehemías 8:10: "Luego les dijo: Id, comed grosuras, y bebed vino dulce, y enviad porciones a los que no tienen nada preparado; porque día santo es a nuestro Señor; no os entristezcáis porque el gozo de Jehová es vuestra fuerza".

Dos laicos amigos también habían pedido oración ese domingo a la noche y les impusieron las manos. Ellos también habían sido reavivados, y cuando los llamé por teléfono con gran entusiasmo se hicieron eco de mis sentimientos. El próximo domingo a la tarde tenía un compromiso de predicación en Duluth, a 160 kilómetros,

El paraíso encontrado

y ellos estuvieron de acuerdo en acompañarme entre la nieve. ¡Qué magnífico viaje tuvimos! ¡No podíamos parar de hablar! La tarde en la iglesia fue igualmente entusiasta, y las personas respondieron; al final pidieron una reunión de "resplandor". Una semana después regresamos.

El Espíritu Santo obraba. La noche oscura había terminado. Las campanas de gozo nunca han cesado de sonar. He visto y participado en muchas reuniones especiales (a las que llamábamos "resplandores") de avivamiento en Minnesota, Iowa, Wisconsin, Dakota del Sur, California, Texas, Mississippi, Arizona, Alaska... bien, Dios sabe; me he olvidado, pero las bendiciones continúan.

Dos cosas he aprendido en los años desde que me jubilé y regresé a casa en California. Una es que el gozo del Señor es tal vasta realidad espiritual que ninguna mente humana puede comprenderlo. Para pedir prestada una frase de Agustín, "invade la Tierra hasta inundarla", y todo lo que tengo es un pequeño dedal lleno. ¡Pero, qué deleite es!

Una segunda cosa que he aprendido es que el gozo juega solamente una parte de la vida cristiana, y no la más importante. El propósito e intención de La Biblia no es traernos gozo, sino salvar nuestras almas y ponerlas de acuerdo con Dios.

En estas páginas he tratado de ser honesto y abierto con usted, como los apóstoles fueron con sus compañeros. Ahora déjeme decirle esto, tan humilde como amorosamente pueda: Algunos de ustedes al leer este libro sienten que realmente necesitan nacer de nuevo. No están en forma para encontrarse con Dios, y lo saben. Entre mis lectores cristianos, algunos de ustedes harían bien en pedir, como lo hice yo, ser crucificados con Cristo, para que el Cristo resucitado pueda ser formado en sus corazones.

Desdichadamente, nuestro medio ambiente en el nuevo milenio estará lleno de trampas. Usted necesita ser libre del mundo, tal como la ballena "J. J." fue liberada y puesta en libertad de nuevo en su amado océano Pacífico, en el "Mundo Marino", en San Diego. Necesita regresar a su hábitat original, el océano del amor redentor de Dios. Separados del Salvador del mundo, Jesucristo, nuestra lucha contra el mal está perdida antes de que levantemos una sola ma-

Jesús Ungido de Gozo

no. Mañana a la mañana las noticias le dirán algo de esto.

Así que nuestra búsqueda del gozo cierra con una nota modesta. Reconocemos que el gozo del Señor sigue un curso secundario en el derramamiento del Evangelio de Jesús. Sin embargo, nosotros los portadores ¡lo necesitamos tanto cada día! ¿Por qué? Por lo que es para nuestra vida. Edna St. Vincent Millay escribió algunas palabras, que tomadas fuera de contexto, parecen describir con elegancia la verdad sobre el gozo:

>…ah, mis amigos,
>y, oh, mis adversarios,
>derrama una hermosa luz.

Nota: Si me escriben, a través del editor, me ocuparé que sea presentado a siervos auténticos y genuinos de Cristo que le ayudarán en su búsqueda para encontrar a Jesús, hombre de gozo.

> S.E.W.

Notas

Prólogo: *"Bruce, tengo una palabra para ti: ¡Gozo!"*
1. Salmo 8:2; Mateo 18:3,4

Introducción: *Suena el teléfono*
1. *Jesús ungido de gozo* fue publicado por primera vez por Here's Life, San Bernardino, California, en *1991*, y reeditado por Thomas Nelson en 1992. Esa edición rústica está ahora agotada, pero muchos de sus capítulos aparecen en este volumen.
2. La dirección del "Filme de Mateo" es: Box 5068, Clifton, NJ 07015-5068, EE.UU.
3. Bruce Marchiano, *En los pasos de Jesús* (Eugene, OR: Harvest House Editores, 1997)

Capítulo 1: Un cambio asombroso
1. Alfred Tennyson, "In Memoriam".
2. *San Francisco Chronicle,* 13 de julio, 1990.

Capítulo 2: ¿De quién fue la idea?
1. G.K.Chesterton, *Ortodoxia* (Garden City, NY: Doubleday, 1959) p. 160.
2. Lucas 1:26
3. Mateo 1:20,21
4. Lucas 1:46.47.
5. Lucas 2:10
6. Apocalipsis 4:11
7. *Confesiones* de Agustín, Libro X, 6

Jesús Ungido de Gozo

Capítulo 3: ¿Dónde lo consiguió?
1. Himno, "Alaba, oh alma mía, al Rey del Cielo", 1834.
2. Lucas 12:32.
3. Isaías 65:18
4. Sofonías 3:17
5. Joseph Addison, "Oda", en *El Espectador A.D.*, 1712.

Capítulo 4: El Jesús alegre
1. La edición publicada de la traducción al inglés del documento de Lentulus no menciona fecha o traductor.
La versión original italiana también está en la Biblioteca del Congreso.
2. Bruce Barton, *The Man Nobody Knows* (Londres; Constable, 1926), pp.49-50
3. Cf. Elton Trueblood, *The Humour of Christ* (San Francisco: Harper & Row, 1964);
Cal Samra, *The joyful Christ* (San Francisco: Harper & Row, 1985).
4. Mateo 9:15; 11:19, 12:3,4.
5. Michael K.MacIntosh, *The Tender Touch* (Eugene, OR: Harvest House, 1996), p.200
6. Billy Graham, *The Secret of Happiness* (Garden City, NY: Doubleday, 1955).
7. Lucas 10:21
8. Ver Juan 16:33
9. John Knox, *The Man Christ Jesus* (Chicago:Willett & Clark, (1942), pp.56-59.

Capítulo 5: Una boda fuera de lo común
1. Juan 2:1-11
2. Hebreos 1:9
3. Isaías 53:3
4. Hebreos 12:2
5. Vea Juan 2:3
6. Vea Juan 2:5
7. Walter Hooper, ed., "Miracles", en C.S.Lewis, *God in the Dock, Essays on Theology and Ethics* (Grand Rapids: Eerdman's 1970), pp. 25-37. Originalmente un sermón predicado en la iglesia de St. Jude on the Hill, Londres, 26 de noviembre, 1942
8. Mateo 14:16-20
9. Mateo 12:10-13

10. "Heureux les débonnaires, car ils heriteront de la terre".
11. Lucas 6:38
12. Juan 2:11

Capítulo 6: "Smog" religioso
1. En la revista *Decisión,* octubre, 1968.
2. Entrevista en mayo 7, 1963, publicado *inter alia* en Lewis, *God in the Dock,* p. 259.
3. Mateo 23:14
4. Ed. Wheat, M.D., *Love Life for Every Married Couple* (Grand Rapids: Zondervan, 1989), p. 12.
5. Samuel Chadwick, *The way to Pentecost* (Fort Washington, PA: Cruzada de Literatura Cristiana, 1976) pp. 35-36
6. Hechos 13:52.

Capítulo 7: "Peculiares nociones"

1. Mateo 23:24; Marcos 10:25; Lucas 11:39; Mateo 12:26-28; Lucas 6:39; Mateo 8:22; Lucas 6:44; 8:16; Mateo 7:3-5.
2. Mateo 15:21-28.
3. William Barclay, *Daily Study Bible; The Gospel of Mark* (Edinburgh: Saint Andrew Press), p.40.
4. *Topical Encyclopedia of Living Quotations* (Minneapolis; Bethany House, 1982), no. 1578.
5. Elton Trueblood, *The Humor of Christ* (San Francisco: Harper & Row, 1989).
6. Marcos 1:16-20
7. Marcos 12:37
8. *Topical Encyclopedia,* nos. 1139, 1137.
9. 2 Corintios 4:7.

Capítulo 8: Haciendo "surf" por Las Escrituras
1. 2 Corintios 5:19
2. Juan 1:17
3. *Sermones* de Spurgeon (Londres: Funk & Wagnalls, 1904), p.34.
4. 1 Juan 1:8
5. John Donne, "Himno a Dios el Padre".
6. Romanos 3:22; Filipenses 3:14
7. Proverbios 15:13;17:22; 15:23; Eclesiastés 2:26; Romanos 14:17.

8. Isaías 61:1-3
9. James S. Stewart, *River of Life* (Nashville, Abingdon Press, 1972).
10. Juan 3:16.

Capítulo 9 : Aguas de reposo
1. De una traducción libre de Edward FitzGerald, publicada en 1859.
2. Salmos 31:16; 36:9; 67:1; 80:3; 80:7; 119:135.
3. Mateo 17:2
4. Salmos 23:3
5. Tennyson, *Idylls of the King*, The Coming of Arthur, line 500.
6. Sofonías 3:17.

Capítulo 10: Oro sin mancha
1. Sacado de mi informe en la revista *Decisión,* marzo, 1973. Al finalizar el siglo ambos John y Ben Peterson están casados, son padres de cinco y cuatro niños respectivamente, y cristianos
activos de servicio completo – John con los "Atletas en acción" y Ben como ayudante del pastor Wattertown, Iglesia WI.
2. Ver 1 Corintios 9:24.
3. Juan 15:11.

Capítulo 11: La voluntad se mueve a través del deseo
1. Mateo 6:10
2. Stephen Vincent Benét, "John Brown's Body", en *Selected Works,* vol. 1 (New York: Farrar & Rinehart, 1942), p.187.
3. De un sermón predicado por Dwight en la Capilla Yale alrededor de 1799. Tomado de *The World Greatest Sermons,* Vol.3, Grenville Kleiser, comp. (New York:Funk & Wagnalls, 1908).
4. C.S.Lewis *Surprised by Joy* (New York; Harcourt, Brace Publishers, 1956), p. 220.

Capítulo 12: Cuando Dios grita
1. Gálatas 4:15
2. Job 38:7
3. Salmos 47:5
4. Amós 3; Jeremías 25:30; Ezequiel 43:2; 10:8; Éxodo 3:4; Mateo 17:5; Apocalipsis 6:1
5. Mateo 3:1; Marcos 9:7
6. 1 Tesalonicenses 4:16.

7. Lucas 15:10.
8. Ver Apocalipsis 22:17

Capítulo 13: El silencio es oro
1. P.T.Forsyth, *El alma de Oración* (Londres: Independent Press, 1954), pp.13-14.
2. Sidney Lanier, *The Marshes of Glynn*.
3. Cf. "Ignacio a los de Filadelpfia", en *Ancient Christian Writers*, vol.1, Epístolas de San Clemente de Roma a San Ignacio de Antioquía, tr. J.A.Kleist (New York; Newman Editores, 1964), p.85.
4. C.F.Andrews, *Christ in Silence* (Londres: Hodder & Stoughton, 1933), pp.234-35.
5. Oliver Wendell Holmes, *The Music Grinders*.
6. Salmo 27:14
7. Salmo 100.
8. Salmo 116. Este salmo llegó a ser conocido en la segunda Guerra Mundial como el "Salmo de Bataan", ya que era el favorito de las tropas Americanas durante los horrores de la "marcha larga" luego de la caída de Corregidor en los primeros meses de la guerra en el Pacífico.
9. William Shakespeare, *Rey Lear*, Acto 5, Escena 3.
10. 2 Corintios 4:18

Capítulo 14: Cuando el gozo enfrenta al temor
1. Mateo 28:8
2. Lucas 24:41
3. Juan 16:33
4. Adaptado de Efesios 6:13-17.

Capítulo 15: Gozo cuando algo duele
1. Miqueas 6:8
2. C.S. Lewis, *El problema del dolor* (Londres:Geoffrey Bles, 1946), p.98.
3. Frank Uttley, *The Supreme Physician* (Londres: James Clark & Co., n.d.)
4. Michael K.MacIntosh, *The Tender Touch of God* (Eugene, OR: Harvest House Editores, 1996), pp.200.
5. Marcos 5:25-29.
6. Lewis, *Problem of Pain*, p.103.
7. Lucas 13:16
8. Habacuc 3:17-19
9. Salmo 51:8

Capítulo 16: ¿Qué es la felicidad?
1. El libro completo de Aristóteles debería ser leído, particularmente el Libro 4, Sección 3, *La Etica Nicomaquea de Aristóteles,* traducción. D.P.Chase (Londres:J.M.Dent, 1949).
2. Blas Pascal, *Pensés,* traducción de W..F.Trotter, edición Biblioteca Moderna (New York: Random House, 1941, no.425, numeración de Random House)
3. William James, *The Varieties of Religious Experience* (New York: Penguin Books, 1958), p.83.
4. Sigmund Freud, *Introductory Lectures on Psychoanlysis,* tr. Joan Riviere (Londres: George Allen & Unwin, 1949) pp. 298-99
5. "Aristippus" artículo en *The Oxford Classical Dictionary* (Oxford: Clarendon Press, 1961), pp.90-91.
6. Dostoevsky, *The Brothers Karamazov,* Traducción Constance Garnett (New York: Biblioteca Moderna, n.d.)

Capítulo 17: Los panqueques de Dios
1. 1 Juan 4:8
2. Cf. Génesis 3:5
3. Romanos 14:17
4. Lucas 15:21
5. Lucas 15:24
6. E.M.Forster, *A passage to India.*
7. Números 14:18
8. Francis Schaeffer, *Complete Works,* vol.3 (Wheaton, IL: Crossway Books), p.355.

Capítulo 18: El secreto para ser radiante
1. Juan 17:13
2. Henry Alford, *The Greek New Testament,* quinta edición, vol.1 (Grand Rapids: Baker Book House, 1980) , pp. 177ff.
3. Arthur John Gossip, *The Galilean Accent* (Edinburgh: T & T . Clark, 1927).
4. Alford, *New Testament,* p. 178.
5. Copias de los muchos libros de Chuck Smith pueden obtenerse escribiéndole a Word for Today Publishing Co., Box 8000, Costa Mesa, CA. 92628, EE.UU.

Notas

Capítulo 19: Gozo y gozo rebosante
1. Vea Daniel 6:1-28
2. Daniel 6:21
3. Daniel 6:26-28
4. Mateo 2:1-12
5. Miqueas 5:2
6. Mateo 2:10
7. Lucas 24:33-34
8. Lucas 24:36-43
9. Juan 20:20
10. Hechos 121:1-19
11. Hechos 15:6 ff
12. Hechos 12:19
13. Siendo jovencita, en Michigan, Julia Wirt fue la primera mujer telegrafista de los Estados Unidos, resistió la hostigación por su sexo, y fue amiga de un joven telegrafista Thomas A.Edison, cuyo gran retrato autografiado ella estimaba tanto.

Capítulo 20 : La fe que crea gozo
1. Romanos 10:9
2. Efesios 2:8-9.
3. Cf. *A Theological Book of the Bible,* Alan Richardson, ed. (Londres: SCM Editores, 1950) p.75.
4. Hebreos 11:1
5. Habacuc 2:4
6. *The Encyclopedia of Religious Quotations,* ed. Frank C.Mead (Westwood, NJ, Fleming Revell, 1965) p. 130.
7. Génesis 22:1-18
8. Hebreos 11:33,38
9. Mateo 18:20
10. Mateo 11:30
11. Salmo 37:1
12. Mateo 6:25
13. Lucas 15:7

Capítulo 21: La esperanza que trae gozo
1. 1 Corintios 15:17,19
2. Romanos 1:4
3. John S. Whale, *Christian Doctrine* (New York, Macmillan ,1942), p.73.

4. Filipenses 2:9; Colosenses 1:17-18
5. Hechos 1:11

Capítulo 22: Lo admirable sobre la gracia
1. Juan 10:18
2. 2 Corintios 5:19
3. R.A.Torrey, *Questions Answered,* (Chicago, Moody Press, 1909), p.9.
4. A.J.Gossip, "Exposition of John", en *The Interpreter's Bible, vol.8* (Nashville:Abingdon Press, 1952), pp.770-771.
5. Robert Browning, *Bishop Blougram's Apology.*

Capítulo 23: ¡Tómelo todo!
1. Mateo 5-7
2. William Barclay, *The Daily Study Bible: The Gospel of Matthew,* vol. 1 (Edinburgh: The Saint Andrews Press) pp. 83-85.
3. Gerhard Kittel y Gerhard Friedrich, *Theological Dictionary of the New Testament,* vol. IV, tr. G.W.Bromiley (Grand Rapids, Eerdman's, 1967) p.367.
4. Harold J.Ockenga, en "The third He", en la revista *Decision,* enero de 1969, p.15.
5. Una obra sobre Hechos 9:11.
6. Himno: "The Way of the Cross Leads Home", por Charles H. Gabriel.
7. Mme. Guyon: "A short and Very Easy Method of Prayer" (Filadelfia: George W.Mc Call, 1925) Reimpreso en *Spiritual Disciplines,* ed. S.Wirt (Westchester, IL., Crossway Books, 1983), p. 171.

Capítulo 24: La iglesia llena de gozo
1. De un discurso en una conferencia de los Bautistas del Sur en Newark, New Jersey, publicada por la Baptist Press y subsecuentemente transcripto por el Servicio Evangélico de Prensa, 24 de mayo de 1191.
2. John Milton, *Il Penseroso.*
3. Samuel P. Johes, "Waiting and Hoping" en *"Sermons and Sayings by Rev. Sam P. Jones* (Nashville, Southern Methodist Casa Editora, 1885).
4. El Soneto de Tommaso Campanella "Sobre la Resurrección" aparecido en la traducción inglesa en
"Country of the Risen King", una antología de poesía cristiana recopilada or Merle Meeter (Grand Rapids Baker Book House, 1978), p.289.
5. Isaías 56:7.
6. John Ellington, "Wit and Humor in the Bible", en *The Bible Translator*

(New York:United Bible Societies, Julio 1991).
7. "Heaven, Earth and Outer Space", entrevista en la revista *Decisión*, octubre 1963, p.4.
8. Isaías 65:18. En su brillante estudio de Isaías, Alec Motyer señala que "duplicar los imperativos (gozaos y alegraos) es en sí mismo garantía de gozo total, es como decir en dos maneras que lo abarcan cada posible sentimiento de regocijo". Ver J.A. Motyer, *La Profecía de Isaías*, (Downer Grove, Il: InterVarsity Press, 1993), p. 529.
9. Dudley Zuver, *Salvation by Laughter* (New York: Harper, 1933), p. 260.
10. Dorothy Sayers en *Topical Encyclopedia of Living Quotations* (Minneapolis, Bethany House, 1982), no.261.
11. D.Elton Trueblood, *The Humor of Christ* (San Francisco: Harper & Row, 1989), p.32.
12. William Tyndale (1494?-1536) académico evangélico, fue llevado de Inglaterra en 1524 y nunca regresó. Su primera traducción del Nuevo Testamento fue prohibida en Inglaterra, pero por su vigor y otras excelentes cualidades eventualmente se transformó en la base de ambas, La Biblia King James y la actual Nueva Biblia King James.
Tyndale murió como mártir en Vilverde, Bélgica, donde fue arrestado por defender el Evangelio, condenado, atado a una estaca, estrangulado por el verdugo y quemado.

La Biblia Visual™
El Libro de MATEO

Experimente el poder y la pasión de las Escrituras

Disponible en DVD y VHS

en su librería cristiana más cercana

Para más
información
comuníquese al
(800) 33-BIBLE

o visite el website: www.visualbible.com

Cuando el Dr. T.D. Jakes habla, la gente...

rie

ora

llora

alaba

www.editorialpeniel.com

debido a que lo hace directo al corazón

- Amado por Dios
- Una Experiencia Con Jesús
- Intimidad Con Dios
- Una Vida Desbordante
- Celebre Cada Día Su Matrimonio
- Como Vencer Al Enemigo

Es de Editorial Peniel

T.D. JAKES

www.editorialpeniel.com

Jesús como realmente es

Rodney Howard-Browne

¿Se ha preguntado cómo era realmente Jesús cuando estuvo en la Tierra? ¿O su percepción de Jesús es una mezcla de ideas que han ido pasando de generaciones anteriores?

El hombre detrás del mito revela cómo Jesús realmente vivió y cómo radicalmente cambió el mundo.

Este libro será un instrumento que le ayudará a responder la pregunta realizada a Pedro, *"¿Quién dice la gente que soy Yo?"*

Como una piedra a través del vidrio de una ventana, las palabras de Jesús y sus discípulos son las verdades básicas encontradas en este libro que harán pedazos cada mito sobre el único hombre en la historia que ha resucitado de la muerte.

es de Editorial Peniel
Buenos Aires - Miami - New York - San José
Boedo 25 - Buenos Aires (1206) Argentina
e-mail: penielar@peniel.com.ar
www.editorial*peniel*.com

editorial **Peniel**

ALÍSTESE DETRÁS DE ESTOS GENERALES, Y CAMINARÁ CON EL ESPÍRITU SANTO

Los GENERALES DE DIOS
Las claves de sus éxitos. Y por qué algunos fallaron.

Roberts Liardon

John Alexander Dowie
Charles Parham 
William Branham 
Maria Woodwoth-Etter 
Smith Wigglesworth  
Kathryn Kuhlman 
William Seymour 
Evan Roberts 

Roberts Liardon captura el entusiasmo y dinamismo espiritual de doce hombres y mujeres de Dios.
En los capítulos encontrará eventos que cambiaron la cara de la iglesia en los últimos años del siglo XIX y en los comienzos del XX.
Descubra los principios de estos poderosos guerreros, las luchas que soportaron, y las batallas que ganaron al derramar Dios su Espíritu.

Peniel

Las claves de sus éxitos. Y por qué algunos fallaron.

TAPA DURA Edición de Colección